# 主要农产品价格波动分析及调控措施研究

# Study on Price Fluctuations of Major Agricultural Products and Proposed Interventions

王盛威　著



中国农业大学出版社
北　京

**图书在版编目（CIP）数据**

主要农产品价格波动分析及调控措施研究 / 王盛威著. —北京： 中国农业大学出版社，2019. 4

ISBN 978-7-5655-2147-8

Ⅰ. ① 主… Ⅱ. ①王… Ⅲ. ①农产品价格 - 物价波动 - 研究 - 中国 ②农产品价格 - 物价调控 - 研究 - 中国 Ⅳ. ① F323.7

中国版本图书馆 CIP 数据核字（2018）第 273526 号

**书　　名** 主要农产品价格波动分析及调控措施研究
**作　　者** 王盛威　著

**策划编辑** 梁爱荣　　**责任编辑** 梁爱荣
**封面设计** 郑　川
**出版发行** 中国农业大学出版社
**社　　址** 北京市海淀区圆明园西路 2 号　　**邮政编码** 100193
**电　　话** 发行部 010-62818525，8625　　读者服务部 010-62732336
编辑部 010-62732617，2618　　出　版　部 010-62733440
**网　　址** http://www. cau.press.cn　　**E-mail** cbsszs@cau.edu.cn
**经　　销** 新华书店
**印　　刷** 涿州市星河印刷有限公司
**版　　次** 2019 年 4 月第 1 版　　2019 年 4 月第 1 次印刷
**规　　格** 720×1 000　16 开本　9.5 印张　160 千字
**定　　价** 58.00 元

# 前言 Preface

农产品价格变化受到多种因素的影响，长期的价格变化主要受制于供求关系的影响，短期的价格波动往往是由于突发事件、偶发因素造成的。近年来，我国农产品价格经常性地大起大落，对农业发展、社会经济稳定和人民生活福祉都产生了较大的影响，因此，研究和分析农产品价格变化现象，探讨农产品价格波动规律，开展农产品价格波动预测，采取有效的农产品市场价格调整措施，对于稳定我国农产品市场价格、保护农产品生产者与消费者利益、促进农业供给侧结构性改革都具有重要的理论意义和实际价值。开展农产品价格波动及调控措施研究，既是当前农业管理的迫切需要，也是发展农业信息分析学科迫切需要突破的重要研究内容。

农产品价格波动表现为一种复杂的市场变化现象。在过去 30 多年的市场经济发展过程中，许多学者都曾对各个阶段的农产品价格从不同方面，如波动现象、波动特征、波动测定方法等进行过研究，但系统分析农产品价格波动规律、发现引发波动主因、定量化测定波动率仍然是重要的研究课题。

本书系统收集和整理了我国 2000 年以来主要农产品价格日度、月度、年度数据，结合决定农产品价格供给侧及消费端的影响因素，对 2000 年以来我国主要农产品价格特征和规律进行了系统研究；开展了影响农产品价格波动的生产、消费、气象、政策及国际因素等因素分析；通过价格稳定性评价、价格波动率相关性分析，揭示了蔬菜、猪肉两种典型农产品价格波动与变量因素的影响关系；进行了农产品批发价格波动率预测最小二乘支持向量机建模分析，开展了农产品价格波动分析实证建模与农产品价格波动率预测分析，得出了以下结论：

1. 我国农产品价格总体上进入不同品种类型的波动特征变化期。对粮食、肉类、蔬菜、水果年度数据比较发现，由计划经济时代的政府管理决定价格向市场决定价格转变，价格波动的频率加快、幅度加大，市场对农产品价格产生了决定性影响。2000 年以来，蔬菜价格波动明显大于肉类产品，肉类产品价格波动大于粮食类价格波动，显示出我国农产品市场调控政策特征，即粮食市场国家适度控制与蔬菜、肉类等基本放开的政策调控效应反应。

2. 研究得出了部分农产品2000—2015年192个月的批发价格波动频度排次。蔬菜价格波动频度最大，显著波动与剧烈波动频次为73次；水果价格波动次之，显著波动与剧烈波动频次为64次；其后为水产品41次，鸡蛋17次，猪肉7次。用HP滤波法进行趋势分解，得出2000年以来的猪肉、牛肉、羊肉、鸡蛋、蔬菜、水果价格波动周期。所有品种的分析都显示，我国在2000年以后的7～8年时间里，农产品价格总体上呈稳定状态，而2011年以来我国农产品价格处于最不稳定的时期，变化周期缩短，波动频率加快。

3. 农产品价格波动因素及特征分析显示，近年农产品价格上涨因素中，生产成本推动是重要原因，其他因素影响也较大。2000—2016年粮食生产成本增加了2.11倍（谷物增加了2.09倍，小麦增加了2.03倍，玉米增加了2.14倍），蔬菜增加了3.22倍，散养生猪增加了2.09倍。消费因素表现为节假日前后明显有农产品价格波动现象出现。农产品生产直接影响农产品供给量，进而影响农产品价格发生变动，鲜活农产品价格受气候等环境因素影响大。

4. 研究提出了农产品价格波动识别区概念并提出了识别区设定方法与应用途径。根据分区理论设定，提出了一种基于生产量与生产水平条件下的农产品产量维度分区，在产量分区地理空间的基础上，再基于核密度估计方法测算农产品价格预警阈值，研究完成了大白菜、菠菜、茄子、番茄等11个品种各区概率密度分布图，对多个品种进行了价格波动识别区预警阈值划定，为农产品价格波动的政策调控工具应用提供了有效的针对性工具。

5. 研究提出了农产品价格波动分析及波动率分析预测模型。进行了农产品价格波动分析模型功能、变量选择分析，开展了农产品价格波动率预测最小二乘支持向量机建模分析，用此方法进行农产品价格波动率分析，具有参数变量少、计算效率高的特征，具有较好的预测性能。

6. 对农产品价格波动调控政策进行了研究。针对不同类农产品进行相应的调控政策研究，对粮棉油类农产品实行价格支持政策，在充分发挥政府作用的同时，努力发挥好市场的作用，对鲜活农产品应加强市场信息引导，及时发布权威信息，更多地发挥市场资源配制作用。

本书主要创新之处在于：一是较为系统地分析总结了2000年以来我国农产品价格波动特征，进行了多个品种价格波动周期、波动频次的测算，给出了农产品价格变化的影响因素分析，提出了我国2000年以来的15年间农产品价格前期相对稳定、后期波动频率大、变化周期缩短等结论，可为农产品市场价格监测预警和政策工具应用提供有效参考。二是研究提出了农产品价格波动分析及波动率预测模型，进行了农产品价格波动率预测最小二乘支持向量机建模，将复杂的优化问题转化为易于求解的线性方程，适合小样本的数据智能分析。三是探索性地提出了农产品价格波动识别区概念，基于核密度估计方法分别测算出农产品价格预警阈值，研究完成了大白菜、菠菜、茄子、番茄等 11 个品种各区概率密度分布图，进行了价格波动识别区预警阈值划定，为农产品价格波动的政策调控工具应用提供了重要的基础方法。

本书基于著者博士论文修改完成。付梓出版之际，衷心感谢我的博士导师——中国农业科学院农业信息研究所许世卫研究员，在研究生学习阶段，许世卫老师悉心教导，从论文选题、构思框架、资料处理、模型方法、文章修改等方面都给予了全面、细致的指导和建议，使我受益良多。感谢李哲敏研究员、李志强研究员、张峭研究员对我解惑答疑、慷慨指点。感谢我的硕士导师李先德研究员，在中国农科院农业经济与发展研究所读书的三年，李老师对我关怀备至，毕业后也一直关心我的成长与发展。最后，对在本书形成过程中帮助和鼓励过我的同事和朋友表示最诚挚的敬意！

书中可能存在错误和不足，诚望同行专家和学者批评指正。

著 者

2018 年 9 月

# 目录 Content

# 表目录 Content

# 图目录 Content

# 第1章 绪 论

Chapter 1

农产品价格波动是近年来我国农产品市场管理中重点关注和研究的问题之一。如何对农产品价格波动进行测定与度量，并开展价格波动率的分析预测，进而进行有效调控，既是农业政策制定者和宏观经济调控者的重要着眼点，也是农产品市场研究中相关理论与技术体系中需要解决的重要课题。

农产品价格是农产品价值的货币表现。农产品价值是凝结在产品生产中的一般劳动。按照马克思主义政治经济学的原理分析，农产品的价值量是由其生产过程中的社会必要劳动时间决定的。按照等价交换的原则，农产品价格应与价值相符合，以价值为中心而上下波动。当供给大于需求时，农产品价格会低于价值，当供给小于需求时，价格又会高于价值。但是，在农产品市场上，农产品价格受到各种因素的影响，除受到供求关系的影响，还要受到许多非供求因素的左右，许多时候突发事件、偶发因素会改变价格走向，使农产品供求关系失去平衡。价格波动表现为一种复杂的市场现象，判断这种复杂现象，发现波动影响因素，进行农产品价格波动测定，采取有效调控措施，提前应对市场复杂变化，对于稳定农产品市场价格、保护生产者与消费者利益、促进我国农产品市场繁荣都具有重要的理论意义与实际应用价值。

## 1.1 研究背景

进行农产品市场价格波动规律及其调控措施的研究，是我国农产品市场进行有效管理的现实需要，也是农业科技领域的重要研究热点，在信息获取收集、信息分析处理、信息传播应用条件不断改变的情况下，加强新阶段的农产品价格波动研究具有新的内涵与新的要求。

### 1.1.1 农产品价格波动监管及调控成为农业管理的重点内容

近年来中央一号文件和政府工作报告中曾多次提出，我国要加强农产品市场监测预警工作，以确保农产品市场的稳定、健康发展。2014 年中央一号文件明确提出，要建立健全农产品市场调控制度，要综合运用储备吞吐、进出口调节等手段，合理确定不同农产品价格波动调控区间，保障重要农产品市场基本稳定。党的十八届三中全会进一步强调，要使市场在资源配置中起到决定性的作用，并更好地发挥政府的作用，要完善我国农产品价格形成机制，注重发挥市场在形成价格中的作用。农产品价格波动规律的研究与分析，是优化市场经济条件下的新型生产要素，促进市场机制良性运行的基础。我国从 1994 年开始实行市场经济体制以来，自然灾害、科技变化、市场供需、流通成本、国际市场等多重复杂因素都对农产品价格变化产生影响，近 10 年来，我国农产品市场价格波动的幅度越来越大，进一步加大了农产品市场政策调控的难度。

农产品价格波动分析已经成为开展农产品市场有效调控的重要技术基础。当前，我国农业市场主体尚不成熟、农产品市场体系尚不健全，农业生产与经营者难以对农产品市场供需形势及价格走势做出准确预期，因而这些生产经营者经常要面临和承担价格波动所带来的市场风险；与生产经营者一样，农业行政管理部门也常因农产品市场价格波动预判信息的缺失，导致其在农业管理中难以采取具有预见性的事前调控措施，农业调控政策实施效果与预期相差较大；农产品消费者由于难以获取及时、权威的产品信息，在市场价格频繁波动中也容易引发非理性心理，导致出现不当的消费行为，进而加剧价格波动的恶性循环。因而，在现阶段对我国农产品市场价格波动测定及调控进行探讨和研究，将为发挥市场配置资源作用提供技术支撑，为引导农产品生产提供有效市场信息，为开展农产品市场价格波动测定建立基础技术参数，为做好农产品价格分析提供方法依据，更好地发挥科技支撑作用。

### 1.1.2 农产品价格波动测定是农业监测预警的技术难点

尽管对农业监测预警研究的学者不少，但基于农产品价格波动特性的复杂性和信息获取的艰巨性，农产品价格波动研究的方法以及波动规律的发现手段、解决异常波动的政策工具等仍存在不足，对农产品价格波动规律、波动特性的研究还比较缺乏。农产品价格调控是一个复杂的过程，目前对监测数据标准、信息分析方法、波动指标设计、调控措施与效果模拟等方面都有大量科学问题需要解决。2015 年国务院发布的《关于积极推进“互联网 +”行动的指导意见》要求，综合利用大数据、云计算等技术，建立农业信息监测体系，为灾害预警、耕地质量监测、重大动植物疫情防控、市场波动预测、经营科学决策等提供服务。

应用数据分析方法开展农产品价格波动测定与科学调控成为重要的科学研究内容。2015 年国务院发布的《关于印发促进大数据发展行动纲要的通知》提出：要统筹国内、国际数据信息资源，建设农产品全球生产、消费、价格、成本、库存、进出口等数据调查分析系统工程，要加强全球农业调查分析，来引导国内的农产品生产及其消费，进一步完善农产品价格形成机制，提升预测预警能力。近年来，有关部门多次明确指示要求加快农业数据分析科学研究，并在相关重大创新战略部署的文件中把农业数据信息作为重要内容。有关意见明确“建立统一的数据平台是建设现代化国家的基础工作”，其中建立以数据分析为核心的农产品价格波动测定方法，建立有效的农产品价格波动测定方法和调控技术体系，对于新时期解决我国农产品市场有效供给具有重要的科学意义。

### 1.1.3 国内外学者已做了大量的农产品价格波动研究工作并取得了重要进展

在我国过去 30 多年市场经济发展过程中，对每一阶段的农产品价格波动，我国学者都从农产品价格波动状况、农产品价格波动影响因素、农产品价格波动特征、农产品价格波动测定方法等不同角度进行了实证与理论研究。特别是在农产品价格数据获取方面，我国已具备了一定的数据获取能力，定量研究农产品价格波动测定已具备一定的数据条件。目前，国家统计局、农业部*、国家发展和改革委员会（简称发改委）、商务部等部门根据业务发展需要，都建立了涉农数据采集系统，建立了较好的数据调查、收集渠道，积累了大量相关基础数据，为定量开展农产品价格分析打下了基础。农业部有 21 套统计报表制度，包括农业综合统计、种植业、畜牧业、渔业、农村经营管理、农产品价格统计、农产品加工及农业资源和农村能源环境等，共计报

* 现为农业农村部。

表300张，指标5万个（次），并已经建设了面向分析主题的14个数据集市，包括农业宏观经济及主要农产品产量、价格、进出口、成本收益等，平均每天更新量约30万条。中国农业科学院农业信息研究所农业监测预警团队的CAMES模型系统中，用“农信采”采集了大量分品种、分地区、分时段的农产品价格实时数据。2012年以来，研究团队加大了便携式农产品市场信息采集器推广应用范围，先后在天津、湖北、山东、新疆、海南、黑龙江、辽宁、内蒙古、吉林等11个省（自治区、直辖市）示范应用，涵盖粮食、油料、棉花、食糖、水果、蔬菜、水产品等10大类100多个品种，覆盖田头市场、批发市场、集贸市场、摊点零售等4种类型270多个市场，已有数据400多万条，日均采集近2000条市场信息，重要农产品市场信息采集及时性、便捷性和准确性持续提高，CAMES数据库为开展定量研究农产品价格波动与调控提供了较好的数据基础。

## 1.2 开展农产品价格波动分析及调控措施研究的作用和意义

进入21世纪以来，我国农业市场价格波动频繁，并出现新的规律和新的现象，对其开展研究意义重大。

### 1.2.1 为发挥市场配置资源作用提供技术支撑

随着经济进入新常态，农业增长方式将发生变化，我国需要继续强化农业基础地位、促进农民持续增收，在国内农业生产成本快速上升、主要大宗农产品市场价格普遍高于国际市场价格的情况下，面临着如何优化现代农业管理方式、发挥市场配置资源作用的重要问题。国际经验和我国实践都证明，市场作用对资源配置的有效性与其市场信息的完善程度成正比，而市场配置资源作用的有效性又直接决定和影响着农产品生产与消费效应，市场是农产品和农业生产要素自由流动的重要条件。当前，我们正处于农业大数据时代，一方面，农产品品种多样，根据农业部2012年5月1日开始实施的《农产品市场分类与计算机编码》行业标准中分类方法，我国农产品可分为11大类953个品种，品种繁多；另一方面，我国农产品信息的获取手段增强，由于信息技术的增长超越了线性约束，根据摩尔定律，每18个月左右计算性能提高一倍、存储价格下降一半、带宽价格下降一半等，使农业大数据增长显而易见。由于大数据具有规模（volume）、类型（variety）、价值（value）、速度（velocity）、复杂度（complexity）的基本特征，使分析评判这些农产品市场价格变化变得十分重要。

农产品市场价格波动实际上是农产品供求关系的一种体现。农产品价格变化是市场对供需关系反映的基本方式，也就是说，市场上的价格变化是一种十分正常和合理的反应，如果农产品市场价格一直保持不变，则市场就没有能力发挥配置资源的作用，没有能力发挥供需双方均衡调整的“看不见的手”的能力。在正常的市场条件下，农产品价格一定会在一个合理价格区间内波动，或者说是围绕一个合理价格升高或降低。发挥市场“看不见的手”的作用，就是要用市场去调配各种资源，去配置各种要素，要用市场信号，而不是用政府行政方式去干预市场。政府要维护政治、经济、社会秩序，为市场提供资源配置的基础和环境。政府在市场管理过程中不应应用违背经济规律的手段，而应该通过加强市场透明度的方法加强公共信息的服务，建立农产品信息服务平台，让多方共同享用基础信息。建立农产品信息公共享用平台，政府需要建立一系列的基础工作方法与机制，首先必须对农业市场进行合理的法律制度建设，其次要对农产品市场信息进行基本的条件建设，同时要建立对农产品市场信息判断方法进行科学评判。准确测定与评判农产品价格波动变化，是发挥亚当·斯密认为的完全竞争市场中，市场最大地发挥资源配置的作用的重要支撑条件。完全竞争市场中，众多的买卖双方有条件来根据外部信息判断和决定自我行为，但外部信息对参与者市场的每一个个体来讲，往往都是不全面的，在浩瀚的市场信息中获得农产品市场信息的全部真值是困难的，是高成本的，甚至是不可能的。在国际经济全球化的经济背景下，让农产品市场的参与者在更大范围内参与竞争，让市场在更大的范围条件下进行优化资源配置是有前提条件的，这就是要建立一个高度透明化的市场环境，使市场多方主体都能够充分了解市场信息。

### 1.2.2 为引导农产品生产与市场匹配提供有效的市场信息

近十多年来，我国农业和农村经济正在发生着新的阶段性变化。农产品生产，特别是粮食等农产品生产的迅猛发展，主要农产品供给由长期短缺变成总量基本平衡，并丰年有余，从而使我国农产品市场从根本上告别了短缺经济时代。主要农产品的供给总体上满足甚至超过了市场需求，一些品种如猪肉、蔬菜、水果还出现过供大于需或产品滞销的问题。为此，需要运用经济学规律，研究农产品类别、地区分布、供给与需求状况，加强农产品市场的研究和预测，以减少农业生产经营的盲目性，优化调整农业生产结构，推进农产品优质化，减少市场波动风险，提高农民收入，以促进农业和农村经济更好发展。

农产品市场价格的波动分析及其信息引导，就是要通过释放市场信号，来驱动农业生产与监管方式创新。农产品价格波动分析结果，可以应用于加强生产与消费的衔接和匹配管理上，以加强农业分散式生产和多样化市场需求的对接。保障农产品生产稳定和有效供给是我国农业健康发展和社会稳定的基础。经过长期的努力，我国初步形成了农产品总量供给充足、产销基本平衡、市场基本稳定的良好局面。但由于农业生产的分散性和农产品消费的多样化，加上小生产和大市场之间的联系和对接不畅，农产品市场出现了频繁和大幅波动的情况，一些农产品卖难、买贵等问题同时出现，农民种地赔本的现象时有发生。农产品产销不匹配，必然会引起农产品价格的上涨或下跌，这种不匹配性表现在农产品价格波动的区域性、时序性、周期性、非对称性上。农产品生产和市场之间对接的不畅，对我国农业生产乃至经济发展构成了威胁。我国以家庭联产承包为主体的分散式生产经营是我国农业生产经营的主要形式，但都与农产品生产区域化、市场化所需要的规模化经营不很适应，加上农产品生产的季节性、自然性特点，农产品生产和消费的时空匹配不平衡性日益突出，农产品区域调度的数量和强度不断增加。建立农业生产、流通、消费时空匹配管理的技术体系，加强农业分散式生产和多样化消费的联系和对接，显得尤为必要。如何进行农产品生产与消费对接分析，以农产品价格波动测定与分析为基础，就能够分析其匹配关系，促进其产销对接优化。

### 1.2.3 为进行农业监测预警和农业展望提供技术参数

进行农业展望、发布农业展望报告，是新形势下引导和促进我国农业发展的有效手段，也是许多国际组织和发达国家的通常做法。近年来，我国相关部门和科研机构大力协同，农业展望工作快速发展，技术支撑力量不断增强，也取得了重要成果。2014 年 4 月中国农科院农业信息研究所首次主办了

“2014 中国农业展望大会”，2015—2018 年又连续召开了四次中国农业展望大会。大会围绕粮食、棉花、油料、糖料、肉类、蔬菜、水果等 18 种主要农产品进行信息发布，对农业支持政策、农业大数据、农产品国际贸易等农业热点问题开展专题研讨，标志着我国农产品监测预警研究工作取得重要成效，开启了我国提前发布市场信号、有效引导市场、主动应对国际变化的新做法，在国内外产生了重要影响。

美国农业部从 1923 年开始召开农业展望大会。目前已召开了 95 届农业展望大会。澳大利亚从 1971 年开始连续召开农业展望大会，目前已召开了 47 届农业展望大会。美国通过发布年度《农业中长期展望报告》、月度《世界农产品供需预测报告》和周度《农作物生长报告》，引导农业生产。澳大利亚除召开全国农业展望大会外，还在各州召开农业展望大会。与发达国家相比，我国的农业信息发布工作刚刚开始，需要从数据、模型、分析、技术、发布渠道上进一步加强相关工作。中国农业展望大会上，一是发布中国农业展望报告，二是进行宏观经济与农业热点专题研讨，三是交流农业展望、农业监测预警理论与方法的最新成果，针对农产品监测预警技术、农业信息分析方法、分析技术等，开展学术交流。近年来，许多农业生产者及农产品消费者对农产品价格的未来走势十分关心，并在农业展望工作中，进行农业生产量、消费量的预测，对农产品价格波动率进行定量研究，划分不同背景条件下的农产品价格波动识别区，对于开展农产品价格分析与预测提供了新的研究内容。

### 1.2.4 为做好农业预警分析提供方法依据

农业监测预警，是指对农业生产、消费、市场等农业过程与环节进行信息特征提取、信息变化观测、信息流向追踪，并对未来农业运行态势进行分析与判断，提前发布预告，采取应对措施，以防范和化解农业风险的过程。近年来，由于农业生产自然灾害发生频繁，重大疫病疫情也时有发生，农产品价格波动发生的频率有所增长，农业的生产风险、市场风险、国际贸易风险、农业管理风险明显加大。许多不良农情事件发生突然，不但影响本产品、本地区、本行业，而且迅速波及其他，产生重大不良结果。加强农业预警，提高预警技术水平是农业发展过程中迫切需要解决的一个重要问题。20 世纪 70 年代以来，联合国粮农组织（FAO）、美国农业部（USDA）等纷纷将预警技术与方法应用于农业生产与管理，建立了粮食与农业预警系统，开展粮食与农业预警研究。20 世纪 90 年代以来，我国有关农业科研单位开始了农业预警理论与方法的研究，已经在相关理论研究与应用实验方面开展了大量探索。

农业预警是运用农业信息学科理论与方法构建的农业预测与风险防范农业安全系统，是以保障农业高产、优质、高效、生态、安全为目标，在信息获取、信息分析基础上，及时准确地从整体或局部把握农业基本态势，并根据农业警情预兆做出超前判断，从而需先采取有效防范措施的系统工程。农业预警对农业的作用将表现在两个方面：首先是增强农业的预见性。现代农业既受自然因素的影响，更受市场因素的影响，在我国农业生产与市场“小农大国”的背景下，许多情况下农业市场风险往往要大于自然风险。通过农业预警技术与方法，获取苗头性、先行性信息，对农业供给、价格做出事先判断，研发农业预警技术，建立各类分析预测模型，定量分析分产业、分品种地产与市场的发生、发展变动趋势，可以利用信息技术和其他相关科学方法，从多角度了解农业生产的影响因素，更为准确把握农业生产的变化规律，综合研究各种因素对最终产品可能产生的影响，提前做出防范，增强农业近短期的目标性。其次是增强农业突发事件应对能力。通过研发信息采集挖掘技术、动态跟踪技术等，分类型、分品种地跟踪监测国内外农业生产与市场信息，有效解决信息时效性差、准确率低、重复率高等问题。构建基于现代信息技术处理突发事件的应用系统，预先评估出现突发事件的可能性及其危害程度，及早提出应对措施，提高应对突发事件的能力。开展农业预警理论与技术研究，需要实现对主要农产品生产、市场的实时动态监测预警，特别是对农产品价格波动进行分析，并提出调控措施，以对农产品市场价格进行分析研判，提出多品种农产品价格变化测定方法，判断农产品市场走势，并对未来结果进行预案设计，以化解农产品生产、市场、管理风险。

## 1.3 农产品价格波动分析及调控措施研究的内容和方法

### 1.3.1 分析总结农产品价格变化特征

农产品价格波动分析是农产品供需状况的市场反映，分析其变化特征，对于把握市场状况进而采取有效调控措施十分必要。根据农业部市场信息相关资料分析显示，2000 年 1 月至 2015 年 12 月的月度批发市场价格显示，稻谷发生过 3 次明显波动（月度价格上涨或下降幅度在 5%～10%）、1 次显著波动（定义 10%～15% 为显著波动）和 1 次剧烈波动（定义大于 15% 为剧烈波动）；小麦价格发生过 3 次明显波动和 1 次显著波动；玉米价格发生过 9 次明显波动、1 次显著波动；大豆发生过 11 次明显波动、2 次显著波动和 1 次剧烈波动。农产品价格的异常波动不仅会对农民收入、农业产业健康发展造成不利的影响，而且还会对以农产品为原料的加工品价格、居民消费水平、贫困人群的福利带来不良的影响。本书将研究总结近年来中国农产品价格波动特征，分析小麦、玉米、猪肉、蔬菜等农产品价格波动状况，从不同品种、不同地区、不同时间段总结农产品价格变化量与变化值，总结粮食及鲜活农产品价格变化特征，提取特征值，定量分析变化特征，分析不同类型品种、不同地区、不同市场类型的年波动率、月波动率、周波动率、日波动率，并对农产品的波动周期、波动幅度进行研究。

在农产品价格波动分析上，非参数法则是利用每日、每周、每月的数据按一定的规则直接计算得出，本书在数据基础分析中应用了这一数据分析方法。在数据时间跨度长和数据质量好的情况下进行这种分析特别有利于总结农产品价格变化规律。在数据清洗、数据归类过程中，也进行了时间序列数据的分析评判，进行结构性与系统性分析。在农产品价格波动方面，过去许多研究者也应用国内外数据进行价格波动的实证分析，基于国内市场、国际市场的月度价格数据，运用系统方法进行国内、国际价格波动的规律及其影响因素分析，均发现了农产品价格波动的诸多特征、波动效应、波动原因及价格波动传统的研究结果。

### 1.3.2 深度探索价格波动规律

多年来，许多专家学者已对农产品价格波动规律和机理进行过分析，从农产品价格波动的周期性、时空性、非对称性以及趋势性等方面进行了深入研究。我国农产品市场机制的形成和实体市场运行是十分复杂的，据有关数据，中国现有农产品批发市场 800 余个，各类农产品市场 43 万余个，加之目前随着电子商务的发展，农产品市场运行特别是农产品价格的形成，既会受传统理论上的价格供需决定论的影响，也会受到大数据时代技术变化及突发事件所带来的影响。本书将深度分析农产品价格波动规律，从价格成本推动、价格撮合交易、价格技术应用等方面研究我国农产品的价格波动规律。

农产品价格波动从波动的"能量积累"、波动的"触发机制"看，其波动过程一定是相关因素参与、影响、积累、作用的过程，通过计量分析方法与分析各相关因素影响的强弱、大小是实质性判断农产品价格波动规律的重要手段。本书针对农产品价格波动的相关成因，如农产品价格涉及的生产侧的生产条件因素、投入品因素，以及消费侧的社会经济条件因素、经济收入因素、消费环境因素等梳理与规范性描述，分析其在农产品价格波动中的本质性影响。在分析的层面上，既考察了全国性因素的分析，也考虑了不同品种与偶发性因素的影响。

### 1.3.3 提出价格波动分析新方法

研究农产品价格波动已有多种方法，如设定农产品价格指标、判定指数变化，研究农产品年度变化率、月度变化率、周变化率，分析其价格同比变化、环比变化等，许多专家学者也从定量模型分析方法开展农产品价格波动研究。我国地区类型多样，品种类型多样，市场价格变化较大，许多研究都是根据这些特点分品种、分地区、分时分阶段研究的，并为宏观决策发挥了重要的参考咨询作用。实际上，在"互联网 +"背景下，农产品价格调控措施的出台，除了传统的品种直接调控外，在发现重大波动之前，建立一定范围的价格波动识别区，提前发布价格信号，提出信号警示，让市场有一定的自我调整时空余地是十分重要的。本书将分类别开展农产品价格波动定量研究，提出品种区域属性、产品类比属性、产品时间属性等三维属性下的农产品价格波动测定方法，增强各品种价格波幅值的可比性，探索形成单个农产品价格波动识别区的方法和手段。

模型分析方法对农产品价格的测定十分关键，过去的分析中，有人认为由 Engel（1982）发展起来的 GARCH 类模型表现较好，并应用了投资、金融等方面的波动率预测。对历史波动率分析方法既可应用移动平均模型、指数平滑模型、自回归模型等时间序列方法，也可应用自回归条件异方差性模型（ARCH）、广义自回归条件异方差性模型（GARCH）、随机波动率模型（SV）和向量自回归模型（VAR）等复杂模型，还可以采用人工智能方法对波动率进行分析与预测。本书针对农产品价格波动进行了模型理论设计与模型方法，针对农产品价格波动识别的建立需要，建立了核密度估计方法，以此建立判别准则，建立最小二乘支持向量机来对农产品价格波动率进行预测。

### 1.3.4 研究提出农产品价格调控新措施

我国学者研究提出了多种农产品价格调控管理措施，主要从价格调控目标、价格调控手段、价格调控主体、价格调控区域方面开展了多项研究。这些分析与观点表明了农产品价格调控需要从生产、消费、流通、市场多个方面采取措施。本书将在分析相关政策内容的基础上，探索性地提出了农产品价格波动识别区概念，并提出了识别区设定方法与应用途径。从农产品波动控制定量分析的角度对农产品价格波动调控目标设定、调控区域划设、调控内容范围确定、调控时间选择以及调控时间、区域多维识别上提出政策措施。本书根据分区理论设定，提出了一种基于生产量与生产水平条件下的农产品产量维度分区，在产量分区地理空间的基础上，再基于核密度估计方法分别测算出农产品价格预警阈值，研究完成了大白菜、菠菜、茄子、番茄等11个品种各区概率密度分布图，对多个品种进行了价格波动识别区预警阈值划定，为农产品价格波动的政策调控工具应用提供了一种重要的基础方法。

## 1.4 研究数据来源

本书研究涉及主要农产品生产、消费、价格的变化分析。根据不同的产品分析，应用了不同的分析数据来源，并对不同数据来源进行了归一化处理，一般情况下，同一种分析应用了同一种数据来源，不同品种分析也注意了数据来源之间数据内涵的确认。本研究主要的数据来源如下：

### 1.4.1 国家统计局数据

国家统计局数据是我国法定的国家数据来源。本书在农产品价格分析过程中，直接应用了中国统计年鉴中的有关农业生产统计、农产品价格统计、农业经济统计等方面的数据。农业生产条件与播种面积、主要农产品产量、畜产品产量、农村人口、农产品生产价格指数、农村居民消费价格指数、农业生产资料价格指数、农产品生产者价格指数等方面应用了历年中国统计年鉴的数据。粮食产量是按收获季节包括夏收粮食、早稻和秋收粮食，按作物品种包括谷物、薯类和豆类。棉花产量按皮棉计算。油料产量包括油菜籽、花生、芝麻、向日葵籽、胡麻籽和其他油料，不包括大豆。水产品产量包括全部海水和淡水鱼类、甲壳类（虾、蟹）、贝类、头足类、藻类和其他类渔业产品的最终产量。猪肉、牛羊肉产量是指当年出栏，并且已屠宰、除去头蹄和下水后的带骨肉，即胴体重量。1999 年以后国家统计局开展了猪、牛、羊等主要畜禽品种抽样调查，用这些抽样数据作为国家定案数据进行使用。本书中粮食、油料、糖料、蔬菜、水果、肉类、奶类、水产品等各大类的数据应用了国家统计局的数据。

### 1.4.2 CAMES 数据库

CAMES 数据库是由中国农业科学院农业信息研究所农业监测预警团队，经过多个国家科研计划项目支持开发的农业信息采集先进设备（“农信采”）实时采集的农产品田头价格数据、批发市场价格数据、摊点零售价格数据和超市零售价格数据的四种价格数据库。农信采具有自动定位、标准化采集、质量控制、操作便捷等特点，从 2012 年开始，在天津、河北、湖南、广东等全国多个省（直辖市）应用，显著提高了数据采集质量与效率，根据农信采监测数据撰写“CAMES 监测日报”和各类分析报告，报送相关部门，数据总量 200 万条以上。本书作者多年参加 CAMES 的项目工作，先后到海南、山东、河南、江苏、河北等省开展调查研究，通过进村入户调查，填报调查问卷，也收集了较多的第一手资料。

### 1.4.3 全国分县农业农村经济基础数据

全国分县农业农村经济基础资料卡片数据建设始于 20 世纪 80 年代初，是目前我国唯一专门收集全国县域农业农村经济发展的统计数据。主要调查内容包括农业与农村基本情况、种植业、畜牧业、渔业生产情况等。涉及农业基本情况和农业生产共 158 项指标。这些数据在农村社会经济方面由本县政府最终年度核定，农业生产数据与同级统计部门有关数据核对，人口、耕地、农业生产条件、农民收入等综合指标从同级相关主管部门获得。

该数据完整性较好，一是分县行政区划明确，每年分县卡片启报前，农业部会下发填报年（上一年）的国家标准行政区划代码，各单位严格按下发代码进行数据填报，并同时注明行政区划变动情况说明；二是数据审核要求高，为确保分县卡片数据质量，各省在审核卡片数据时根据指标之间平衡关系、区划层级之间的逻辑关系强化数据校验。指标间有层级关系的，分项数之和对应上一层指标数；三是数据提交及时，应用 2009 年建立金农工程信息采集平台，制定了四级用户工作任务：县级—地级—省级—部级的逐级填报、审核，后期审核工作由系统通过指标间的平衡关系自动完成，并提示填报者可能存在问题的数据。本研究中应用到相关品种分县农业农村经济的基础数据。

### 1.4.4 农业部批发市场数据库数据

我国农产品批发市场多、交易品种多，经常交易的农产品主要是粮食、食用植物油、蔬菜、水果、畜产品和水产品等相关品种。该数据库针对我国地域广阔、地区间交易品种差异较大的特点，充分考虑了类别的代表性、地区覆盖面和采集可行性等因素，布设了批发市场调查点。纳入农产品价格指数的产品都是比较典型的批发市场交易产品，具备连续、大量的交易活动，能够按照一定的标准和要求进行数据采集。目前农业部应用的 200 个批发市场点中，选定了 111 个交易品种作为价格指数的样本品种。在这些品种中，粮食样本品种占 7 种，食用植物油样本品种占 5 种，蔬菜样本品种占 32 种，水果样本品种占 11 种，畜产品样本品种占 7 种，水产品样本品种占 49 种，本书中应用了该数据库中多个品种的每日数据，并进行了周度、月度、季度、年度数据的转换使用。

# 第2章 农产品价格波动状况及特征分析

Chapter 2

农产品价格波动是市场经济条件下农产品供需对接的正常反映。这种价格波动对生产者、消费者及市场管理都会带来影响。本章以21世纪后的15年中农产品批发市场价格数据为基础，从时间维度、产品维度开展研究，并对农产品波动周期及其特征进行分析，提出农产品价格波动状况及其特征。

## 2.1 时间维波动现状

2000年以来，我国农产品市场价格波动呈现出不同的特征。从品种上看，粮食市场价格呈小幅震荡上升；猪肉、禽蛋等畜产品价格波动频繁，波幅较大；蔬菜和水果市场价格波动上涨明显，水产品市场价格波动趋于平缓。与此同时，农产品在时间维度上的波动特征也十分明显，本章从农产品价格年波动、季波动、月波动和日波动方面进行分析。

### 2.1.1 年度波动

2001年以来的逐年数据分析表明，在过去15年中，粮食年度平均批发价格整体上呈现先上涨后平稳的变化态势（图2-1）。小麦年均价格从2001年的1.29元/公斤上涨到2015年的2.99元/公斤，平均每年上涨4.8%；玉米价格从2001年的1.10元/公斤上涨到2015年的2.44元/公斤，平均每年上涨5.8%。总体上看，粮食年均价格走势可分为两个阶段，并各有其特征：2001—2011年粮食年均价格上升，波动幅度较大；2012—2015年粮食价格在较高水平上运行，出现趋缓趋稳特点。

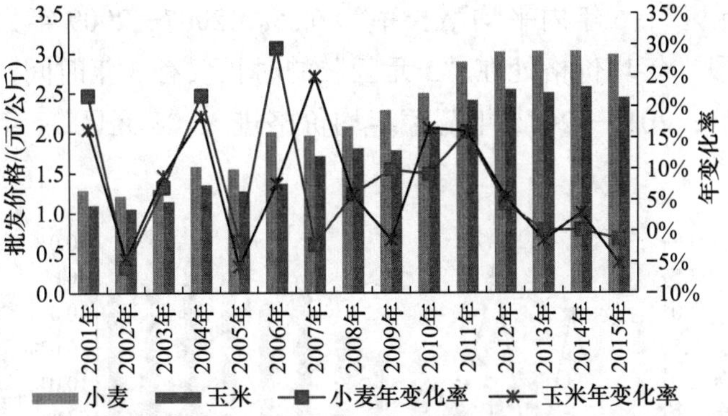


**图 2-1　2001 年以来主要粮食品种年均批发价格走势**

**Fig. 2-1　Yearly Wholesale Price Trend of Major Grain Products Since 2001**

在 15 年时间里，肉类年度平均批发价格呈两头平稳中间快速上涨的趋势。肉类年均价格从 2001 年的 11.15 元 / 公斤上涨到 2015 年的 34.71 元 / 公斤，平均每年上涨 8.4%。分阶段来看，2000—2006 年肉类价格基本稳定，7 年间平均增长率为 3.6%；2007—2012 年肉类价格快速上涨，从 17.30 元 / 公斤上涨至 30.18 元 / 公斤，年均增长率高达 11.8%，其中 2007 年、2008 年肉类价格年同比增长率高达 30%；2013—2015 年肉类价格基本稳定在 35 元 / 公斤的水平，并略有下降，年平均变化率为 0.5%（图 2-2）。

**图 2-2　2001 年以来肉类年均批发价格走势**

**Fig. 2-2　Yearly Wholesale Price Trend of Meat Since 2001**

2001 年以来蔬菜年度平均批发价格总体快速上涨，但 2012 年后增速明显放缓（图 2-3）。蔬菜年均价格从 2001 年的 1.41 元 / 公斤上涨到 2015 年的 3.78 元 / 公斤，平均每年上涨 7.3%。分阶段来看，2001—2006 年蔬菜年均价格处于“1 元区”，6 年内平均增长率为 6.5%；2007—2009 年为蔬菜价格快速上涨的阶段，年均价格处在“2 元区”的时长仅有 3 年时间，年平均增长率高达 13.9%；2010—2015 年蔬菜年均价格进入“3 元区”，年平均增长率为 2.8%。

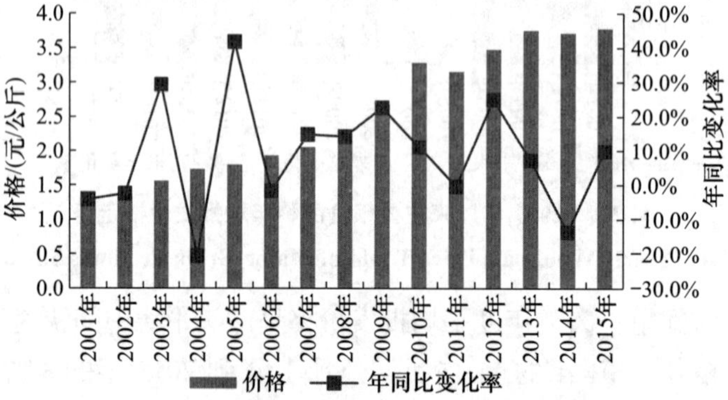


**图 2-3　2001 年以来蔬菜年均批发价格走势**

**Fig. 2-3　Yearly Wholesale Price Trend of Vegetable Since 2001**

2001 年以来水果年度平均批发价格快速上涨，总体走势前缓后快，波动幅度呈放大态势（图 2-4）。水果年均价格从 2001 年的 2.32 元 / 公斤上涨到 2015 年的 5.73 元 / 公斤，以每年 5.8% 的速度上涨。分阶段来看，2001—2005 年水果价格小幅平稳上涨，平均每年上涨 3.1%；2006—2009 年水果价格震荡上涨，年均增幅为 5.4%；2010—2015 年水果价格快速进入上升期，年均增幅为 6.2%，6 年间有 4 年价格波动幅度超过 10%。

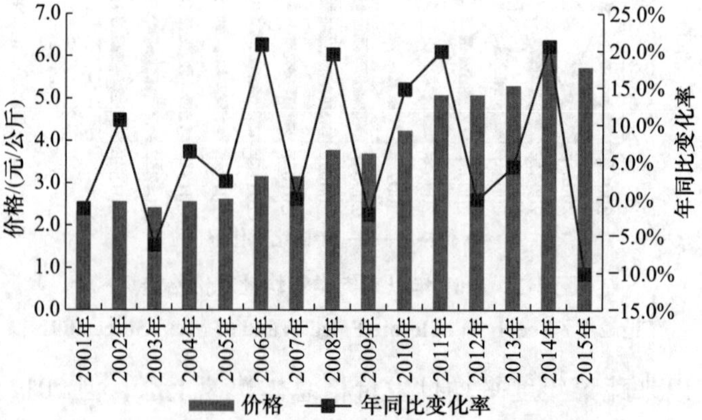


**图 2-4　2001 年以来水果年均批发价格走势**

**Fig. 2-4　Yearly Wholesale Price Trend of Fruits Since 2001**

2001 年以来，水产品年度平均批发价格变化最为平缓（图 2-5）。2000 年水产品价格明显领跑其他农产品，年均价格高达 26.45 元 / 公斤，分别是当年肉类、水果、蔬菜价格的 2.4 倍、11.4 倍和 18.8 倍，15 年间水产品年均价格缓慢上涨，年均增长率仅为 1.5%，2015 年水产品价格为 32.56 元 / 公斤，是当年肉类价格的 93.8%，比水果和蔬菜价格高 5.7 倍和 8.6 倍。分阶段来看，2000—2006 年水产品年均价格总体为负增长，年均变化率为 −0.3%；2007—2009 年价格快速上涨，年均增长率达 8.4%，2010—2015 年水产品价格再次回归平稳期，年均变化 −0.7%。

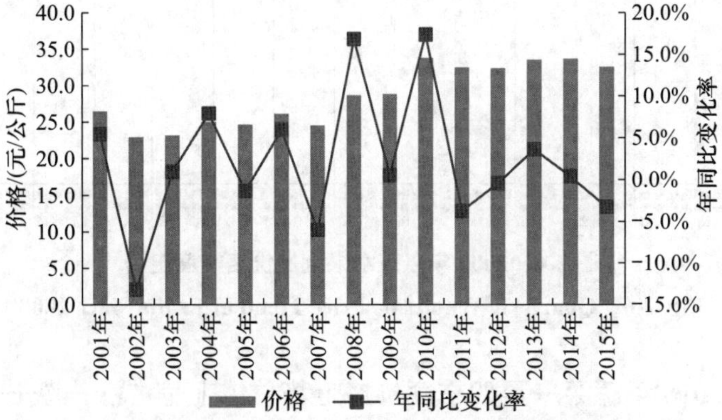


**图 2-5 2001 年以来水产品年均批发价格走势**

**Fig. 2-5 Yearly Wholesale Price Trend of Aquatic Products Since 2001**

## 2.1.2 季度波动

水果和蔬菜价格季度波动特征比较明显，随着设施农业的发展，季度间价差明显收紧。

2000—2016 年水果一至四季度价格走势总体上呈“涨—跌—跌—涨”的趋势，第一季度价格最高，第三季度价格最低，季度间的水果价差趋于平缓（图 2-6）。从各季度价格同比变化看，2000—2008 年第二季度水果价格同比波动幅度最大，2009 年以来水果的第四季度价格同比波动幅度最大。分品种来看，西瓜一季度价格最高，第三季度价格最低，2000 年西瓜一季度价格是三季度价格的 8 倍，2015 年已降至 2 倍；鸭梨一季度价格最高，四季度价格最低，季度间价差相对较小；柑橘三季度价格最高，一季度价格最低，2000 年柑橘三季度价格是一季度价格的 3.5 倍，2015 年已降至 1.2 倍。

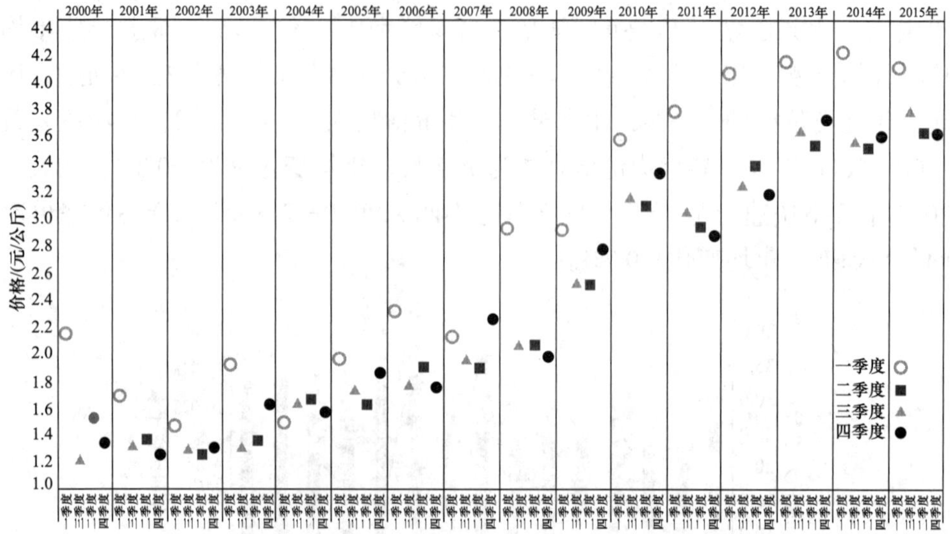


**图 2-6　2000 年以来水果批发价格季度走势**

**Fig. 2-6　Quarterly Wholesale Price Trend of Fruits Since 2000**

2000—2016 年蔬菜一至四季度价格走势总体上呈“涨—跌—平—涨”的趋势，第一季度价格最高，其次为第四季度价格，第二、三季度价格相对较低（图 2-7）。从各季度价格同比变化看，2000—2008 年第一季度蔬菜价格同比波动幅度最大，2009 年以来蔬菜的第四季度价格同比波动幅度最大。不同品种表现有差别，黄瓜一季度价格最高，三季度价格最低；季度间价格变化幅度相对较大，16 年间黄瓜第四季度与三季度环比涨幅平均为 80.3%，第一季度与上年四季度相比环比涨幅平均为 47.5%，第二季度与一季度相比环比跌幅平均为 50.7%。

## 2.1.3　月度波动

一年内，每月农产品价格的波动走向及波动幅度是不相同的。价格的变化与天气、农产品供应时间、节假日效应等均有较大关系。本研究选用猪肉、鸡蛋、富士苹果、大白菜、番茄 5 种农产品的月度数据进行月度农产品价格变化特点研究。各类农产品由于生产特征和消费需求的不同，月度价格波动呈现出不同的变化状况。

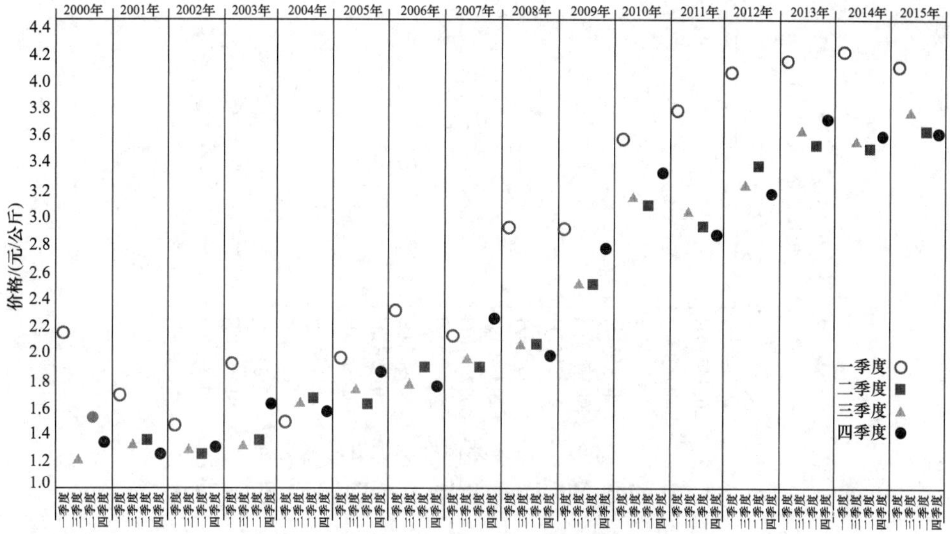


图 2-7 2000 年以来蔬菜批发价格季度走势

Fig. 2-7 Quarterly Wholesale Price Trend of Vegetable Since 2000

（1）猪肉批发价格月度波动：一年内月度价格呈现“W”形波动。2001—2015 年 15 年猪肉月度价格数据分析看，一年内猪肉价格整体呈“W”形波动特征，即 2—5 月猪肉价格处于下跌区间，6—9 月为上涨区间，10—11 月为下跌区间，12 月至次年 1 月为上涨区间（图 2-8）。分月份来看，在 2001—2015 年的 15 个 1 月份中出现 10 次价格上涨，环比涨幅最高为 7.7%，平均涨幅为 3.2%；15 个 2 月份中出现 10 次价格下跌，环比跌幅最高为 5.8%，平均跌幅为 3.0%；15 个 3 月份中出现 13 次价格下跌，环比跌幅最高为 13.1%，平均跌幅为 5.9%；15 个 4 月份中出现 12 次价格下跌，环比跌幅最高为 8.9%，平均跌幅为 4.6%；15 个 5 月份价格基本涨跌各半；15 个 6 月份中出现 12 次价格上涨，环比涨幅最高为 14.8%，平均涨幅为 4.5%；15 个 7 月份中出现 13 次价格上涨，环比涨幅最高为 15.4%，平均涨幅为 5.7%；15 个 8 月份中出现 13 次价格上涨，环比涨幅最高为 9.2%，平均涨幅为 4.8%；15 个 9 月份中出现 11 次价格上涨，环比涨幅最高为 5.7%，平均涨幅为 3.0%；10 月份价格基本涨跌各半；15 个 11 月份中出现 10 次价格下跌，环比跌幅最高为 4.4%，平均跌幅为 3.1%；15 个 12 月份中出现 10 次价格上涨，环比涨幅最高为 9.2%，平均涨幅为 4.1%（图 2-9）。年内月度价格的“W”形波动，既与生猪养殖管理周期相关，也与猪肉的消费特征相关，两次价格下跌与生产量增加关系密切。

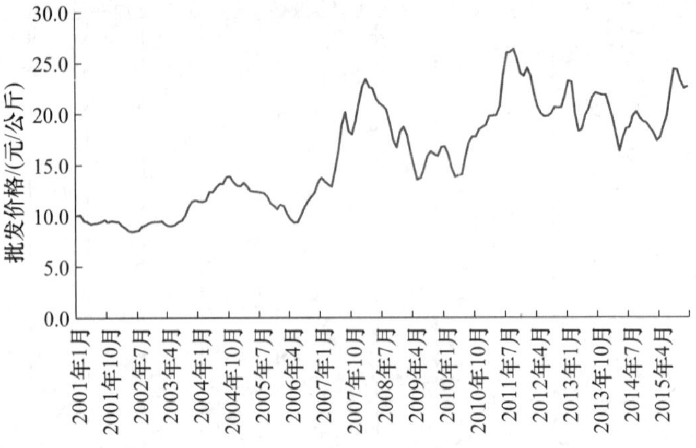


图 2-8　2001 年以来猪肉批发价格月度走势

Fig. 2-8　Monthly Wholesale Price Trend of Pork Since 2001

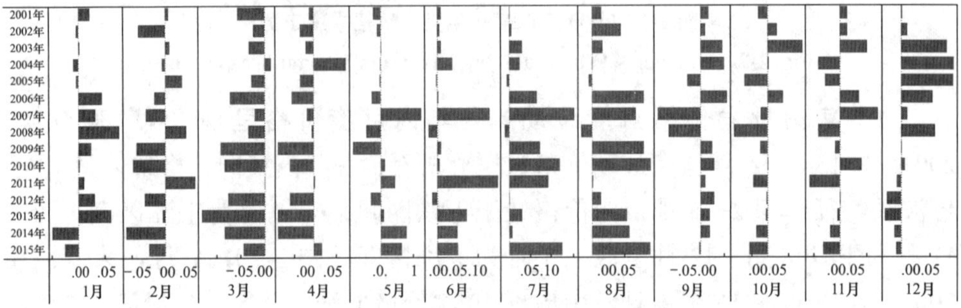


图 2-9　2001 年以来猪肉批发价格月环比变化情况

Fig. 2-9　Month-on-month Wholesale Price Trend of Pork Since 2001

（2）鸡蛋批发价格月度波动：一年内月度价格呈现“M”形波动。2001—2015 年 15 年鸡蛋月度价格数据分析看，一年内鸡蛋价格整体呈“M”形波动特征，即 1 月鸡蛋价格小幅上涨，2—4 月为下跌区间，5—9 月为上涨区间，10—12 月为下跌区间；价格最高点在 9 月份，最低点在 4 月份（图 2-10）。分月份来看，在 2001—2015 年的 15 个 1 月份中出现 9 次价格上涨，环比涨幅最高为 8.4%，平均涨幅为 2.8%；15 个 2 月份都表现为价格下跌，环比跌幅最高为 10.6%，平均跌幅为 2.9%；15 个 3 月份中出现 13 次价格下跌，环比跌幅最高为 11.1%，平均跌幅为 5.6%；15 个 4 月份中出现 9 次价格下跌，环比跌幅最高为 7.8%，平均跌幅为 2.6%；15 个 5 月份中出现 11 次价格上涨，环比涨幅最高为 14.7%，平均涨幅为 6.0%；15 个 6 月份中出现 10 次价格上涨，环比涨幅最高为 18.5%，平均涨幅为

4.5%；15 个 7 月份中出现 9 次价格上涨，环比涨幅最高为 5.9%，平均涨幅为 2.8%；15 个 8 月份都表现为价格上涨，环比涨幅最高为 18.4%，平均涨幅为 9.2%；15 个 9 月份都表现为价格上涨，环比涨幅最高为 16.1%，平均涨幅为 6.2%；15 个 10 月份中出现 14 次价格下跌，环比跌幅最高为 11.6%，平均跌幅为 6.1%；15 个 11 月份中出现 11 次价格下跌，环比跌幅最高为 7.6%，平均跌幅为 4.4%；15 个 12 月份中出现 9 次价格下跌，环比跌幅最高为 3.9%，平均跌幅为 2.7%（图 2-11）。鸡蛋的年初价格上涨与年末价格下跌，与蛋鸡养殖及节日消费有较大关系。

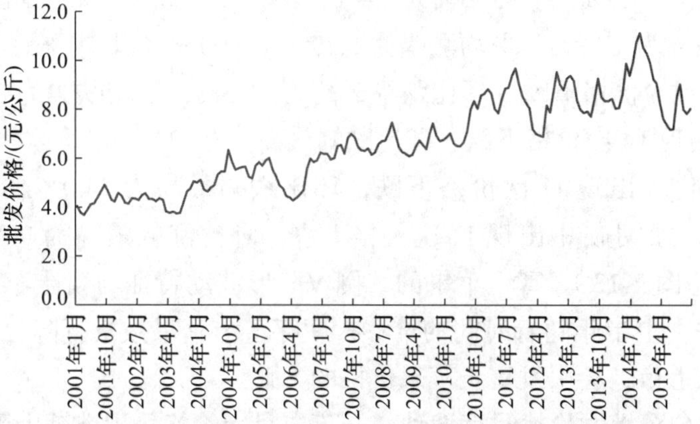


**图 2-10　2001 年以来鸡蛋批发价格月度走势**

**Fig. 2-10　Monthly Wholesale Price Trend of Hen Egg Since 2001**

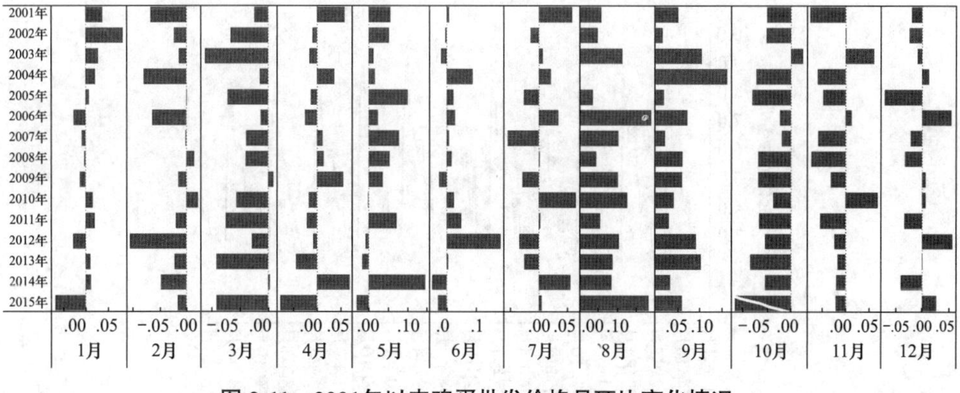


**图 2-11　2001年以来鸡蛋批发价格月环比变化情况**

**Fig. 2-11　Month-on-month Wholesale Price Trend of Hen Egg Since 2001**

**（3）富士苹果批发价格月度波动：一年内月度价格呈现“倒 V”形波动。**

2001—2015 年 15 年富士苹果月度价格数据分析看，一年内富士苹果价格整体呈“倒 V”形波动特征，即 1—7 月为价格上涨区间，8—12 月为下跌区间；价格最高点在 7 月份，最低点在 12 月份（图 2-12）。分月份来看，15 个 1 月份都表现为价格上涨，环比涨幅最高为 17.7%，平均涨幅为 5.5%；15 个 2 月份中出现 13 次价格上涨，环比涨幅最高为 12.5%，平均涨幅为 5.0%；3 月份价格基本涨跌各半；15 个 4 月份中出现 10 次价格上涨，环比涨幅最高为 16.1%，平均涨幅为 7.0%；15 个 5 月份中出现 11 次价格上涨，环比涨幅最高为 24.9%，平均涨幅为 11.1%；15 个 6 月份中出现 14 次价格上涨，环比涨幅最高为 17.8%，平均涨幅为 9.4%；15 个 8 月份中出现 13 次价格上涨，环比涨幅最高为 18.8%，平均涨幅为 8.3%；8 月份价格基本涨跌各半；15 个 9 月份都表现为价格下跌，环比跌幅最高为 29.3%，平均跌幅为 8.8%；15 个 10 月份中出现 14 次价格下跌，环比跌幅最高为 25.3%，平均跌幅为 12.7%；15 个 11 月份中出现 11 次价格下跌，环比跌幅最高为 14.0%，平均跌幅为 6.4%；15 个 12 月份中出现 11 次价格上涨，环比涨幅最高为 9.8%，平均涨幅为 4.3%（图 2-13）。富士苹果的“倒 V”形波动特征与富士苹果的上市月份变化有关，上半年随着时间的推移，库存富士苹果数量下降，到了秋季大批新的水果上市，会引发富士苹果价格的下跌。

**（4）大白菜批发价格月度波动：一年内月度价格呈现前期上涨、中间平、后期跌的状况。**2001—2015 年 15 年大白菜月度价格数据分析看，一年内大白菜价格整体呈波浪式震荡波动特征，即 12 月至次年 4 月为价格上涨区间，

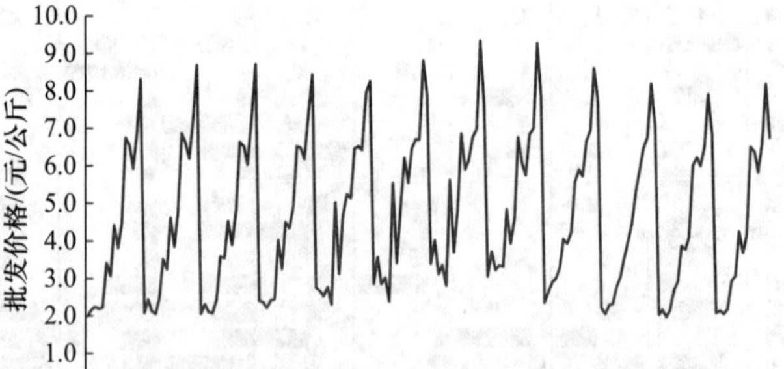


**图 2-12　2001年以来富士苹果批发价格月度走势**

**Fig. 2-12　Monthly Wholesale Price Trend of Fuji Apple Since 2001**

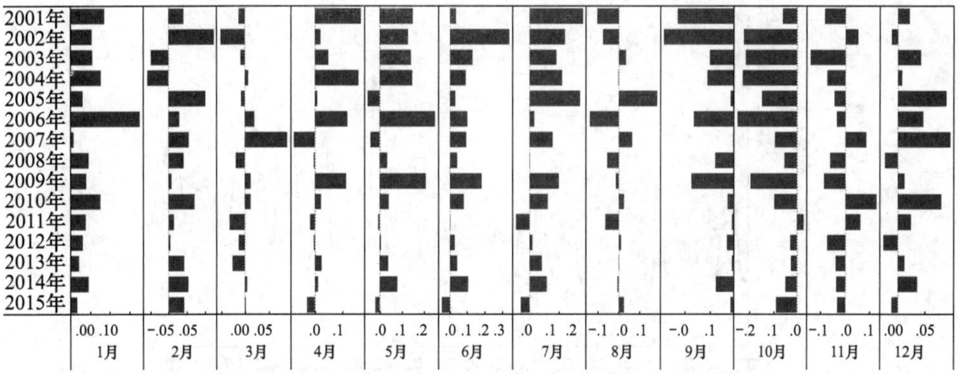


**图 2-13　2001 年以来富士苹果批发价格月环比变化情况**

**Fig. 2-13　Month-on-month Wholesale Price Trend of Fuji Apple Since 2001**

5—6 月为下跌区间，7—8 月为上涨区间，9—11 月为下跌区间（图 2-14）。分月份来看，15 个 1 月份中出现 13 次价格上涨，环比涨幅最高为 57.4%，平均涨幅为 18.4%；15 个 2 月份中出现 13 次价格上涨，环比涨幅最高为 39.3%，平均涨幅为 15.0%；15 个 3 月份中出现 10 次价格上涨，环比涨幅最高为 51.5%，平均涨幅为 27.2%；15 个 4 月份中出现 14 次价格上涨，环比涨幅最高为 80.3%，平均涨幅为 37.9%；15 个 5 月份中出现 11 次价格下跌，环比跌幅最高为 44.2%，平均跌幅为 27.5%；6 月份价格基本涨跌各半；15 个 7 月份中出现 12 次价格上涨，环比涨幅最高为 61.8%，平均涨幅为 25.3%；8 月、9 月价格基本涨跌各半；15 个 10 月份中出现 14 次价格下跌，环比跌幅最高为 44.4%，平均跌幅为 23.7%；15 个 11 月份中都表现为价格下跌，环比跌幅最高为 40.9%，平均跌幅为 21.2%；12 月份价格基本涨跌各半（图 2-15）。以上各月价格变化充分反映了大白菜在周年供应过程中，其生产上市时间对价格波动带来的影响，在露天生产大白菜上市时往往是价格下跌的时期。

**（5）番茄批发价格月度波动：一年内月度价格呈现先增长、后下跌、再上涨的态势。**2001—2015 年 15 年番茄月度价格数据分析看，一年内番茄价格整体呈“N”形波动特征，即 1—2 月为价格上涨区间，3—7 月为下跌区间，8—12 月为上涨区间；价格最高点在 2 月份，最低点在 7 月份（图 2-16）。分月份来看，15 个 1 月份中出现 14 次价格上涨，环比涨幅最高为 50.8%，平均涨幅为 23.2%；15 个 2 月份中出现 12 次价格上涨，环比涨幅最高为 19.2%，平均涨幅为 9.6%；15 个 3 月份中出现 9 次价格下跌，环比跌幅最高为 15.7%，平均跌幅为 6.6%；15 个 4 月份中出现 10 次价格下跌，环比跌幅

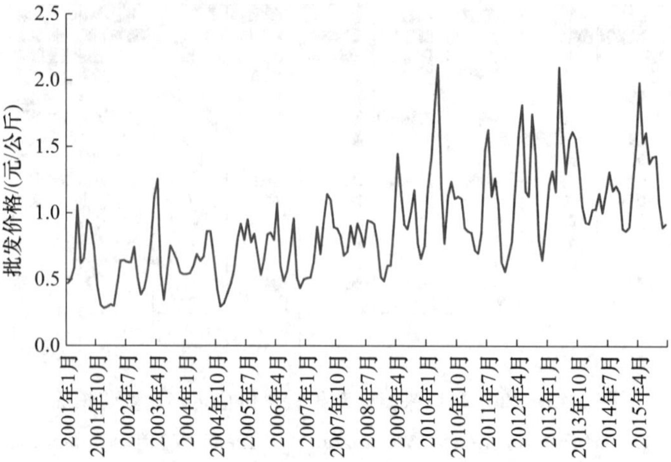


**图 2-14　2001 年以来大白菜批发价格月度走势**

**Fig. 2-14　Monthly Wholesale Price Trend of Chinese Cabbage Since 2001**

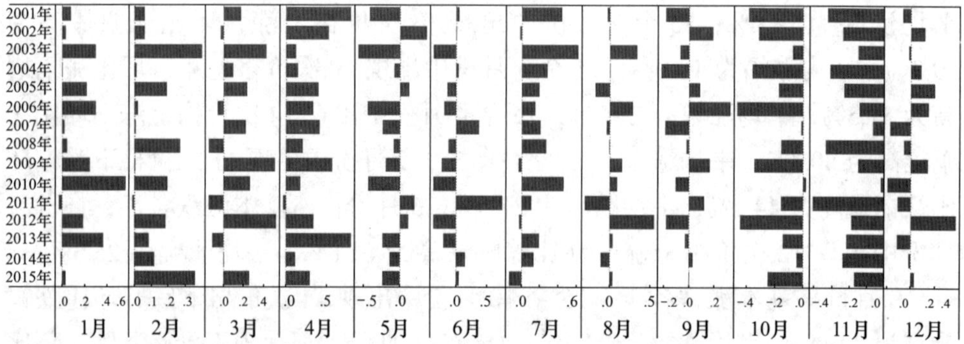


**图 2-15　2001 年以来大白菜批发价格月环比变化情况**

**Fig. 2-15　Month-on-month Wholesale Price Trend of Chinese Cabbage Since 2001**

最高为 18.6%，平均跌幅为 7.2%；15 个 5 月份都表现为价格下跌，环比跌幅最高为 36.1%，平均跌幅为 22.3%；15 个 6 月份都表现为价格下跌，环比跌幅最高为 49.2%，平均跌幅为 33.6%；15 个 7 月份中出现 10 次价格下跌，环比跌幅最高为 25.1%，平均跌幅为 16.5%；15 个 8 月份中出现 12 次价格上涨，环比涨幅最高为 49.8%，平均涨幅为 21.8%；15 个 9 月份中出现 14 次价格上涨，环比涨幅最高为 49.9%，平均涨幅为 23.1%；15 个 10 月份中出现 13 次价格上涨，环比涨幅最高为 37.2%，平均涨幅为 17.1%；15 个 11 月份中出现 12 次价格上涨，环比涨幅最高为 23.6%，平均涨幅为 8.5%；15 个 12 月份中出现 13 次价格上涨，环比涨幅最高为 33.3%，平均涨幅为 19.7%（图 2-17）。

番茄的大棚种植面积较大，露地栽培也较多，一年内的这种价格变化充分表明了其价格受上市时间的影响。

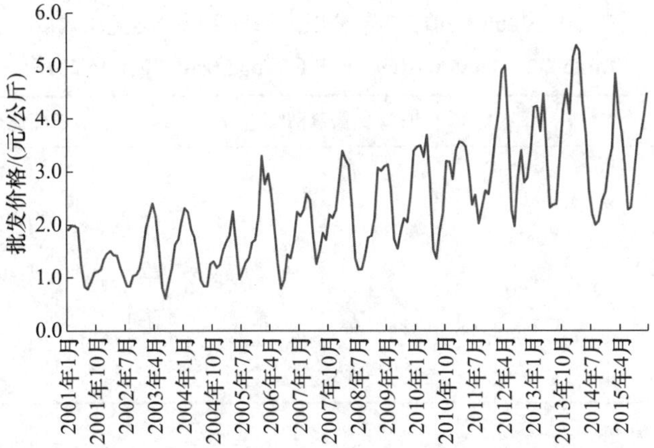


**图 2-16　2001 年以来番茄批发价格月度走势**

**Fig. 2-16　Monthly Wholesale Price Trend of Tamato Since 2001**

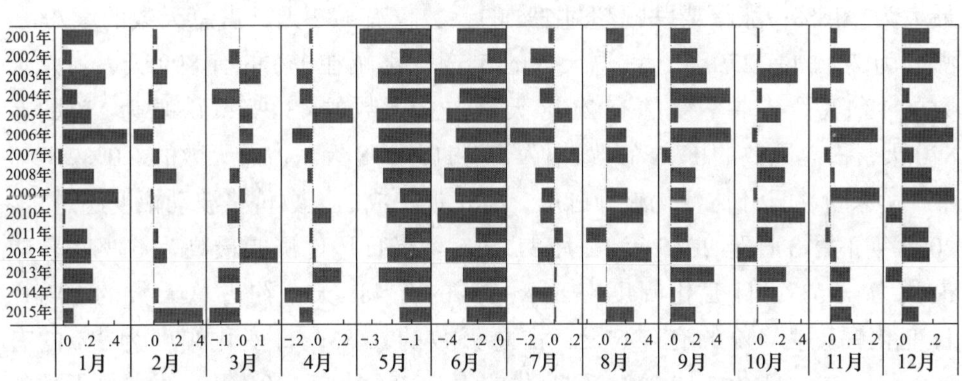


**图 2-17　2001 年以来番茄批发价格月环比变化情况**

**Fig. 2-17　Month-on-month Wholesale Price Trend of Tamato Since 2001**

## 2.1.4　日度波动

过去 16 年的时间序列数据分析表明，在每日的农产品价格波动方面，各个品种均表现出不同的特征（表 2-1）。

猪肉价格日环比变化幅度不大，绝大多数波幅落在 3% 之内。2000 年 1 月 3 日至 2015 年 12 月 31 日，猪肉日环比涨幅最高为 17%，跌幅最大为 −13%；涨幅或跌幅超过 3% 的天数仅有 595 天，占总天数的 12%；涨幅为 2% 的有 364 天，占总天数的 7.3%；涨幅为 1% 的有 1031 天，占总天数的

20.8%；基本保持不变的有 1614 天，占总天数的 32.6%；跌幅为 1% 的有 988 天，占总天数的 19.9%；跌幅为 2% 的有 362 天，占总天数的 7.3%。

表 2-1　2000—2015 年部分农产品日环比价格变化幅度

Table 2-1　Day-on-day Price Change from 2000 to 2015

| 农产品 | 日环比最高涨幅 | 日环比最大跌幅 |
|---|---|---|
| 猪肉 | 17% | −13% |
| 鸡蛋 | 22% | −18% |
| 苹果 | 63% | −95% |
| 大白菜 | 98% | −52% |
| 白萝卜 | 119% | −52% |

鸡蛋价格日环比变化更为集中，日价格基本保持不变的天数超过四成。2000 年 1 月 3 日至 2015 年 12 月 31 日，鸡蛋日环比涨幅最高为 22%，跌幅最大为 −18%；涨幅或跌幅超过 3% 的天数仅有 432 天，占总天数的 8.7%；涨幅为 2% 的有 279 天，占总天数的 5.6%；涨幅在 1% 的有 899 天，占总天数的 18.1%；基本不变的有 2178 天，占总天数的 43.9%；跌幅为 1% 的有 870 天，占总天数的 17.6%；跌幅为 2% 的有 298 天，占总天数的 6.0%。

苹果价格日环比变化较为分散，有接近一成的天数价格波动幅度超过 7%。2000 年 1 月 3 日至 2015 年 12 月 31 日，苹果日环比涨幅最高为 63%，跌幅最大为 −95%；日变化幅度在 5%～7% 的有 481 天，约占总天数的 10%；日变化幅度为 4% 的有 326 天，占总天数的 6.6%；日变化幅度为 3% 的有 258 天，占总天数的 10.7%；日变化幅度为 1% 的有 1406 天，约占总天数的 28.4%；日价格基本保持不变的有 878 天，占总天数的 17.7%。

大白菜日价格波动较为剧烈。2000 年 1 月 3 日至 2015 年 12 月 31 日，大白菜日环比涨幅最高为 98%，跌幅最大为 −52%；日变化幅度超过 10% 的有 257 天，占总天数的 5%；日变化幅度在 6%～10% 的有 669 天，占总天数的 13.5%；日变化幅度为 5% 的占 7.0%；日变化幅度为 4% 的占 9.2%；日变化幅度为 3% 的占 13.5%；日变化幅度为 2% 的占 18.0%；日变化幅度为 1% 的为 22.4%；价格基本保持不变的占 11.3%。

白萝卜日价格波动幅度主要集中在 5% 以内。2000 年 1 月 3 日至 2015 年 12 月 31 日白萝卜日环比涨幅最高为 119%，跌幅最大为 −52%；日波动幅度超过 10% 的天数约占 5%；日波动幅度在 5%～10% 的约占 12%；日波动幅度在 5% 以内的约占 70%；价格基本保持不变的占 13.2%。

以上结果表明，猪肉价格相对稳定，但蔬菜、水果因天气等原因通常会有较大的价格变化，而有些农产品因季节性原因价格一天内变化可能较大。

## 2.2 产品维波动现状

为了分析农产品市场价格波动幅度与频率，本书将农产品月度价格明显波动定义为月环比变化幅度绝对值在 5%～10%，显著波动在 10%～15%，剧烈波动超过 15%。总体上看，近 16 年，水稻、小麦、玉米等粮食品种市场价格较为平稳，而鲜活农产品如蔬菜、水果、肉类、蛋类、奶类等市场价格波动时有发生，且表现出波动频度加大、涨跌转换周期缩短的特点。

### 2.2.1 粮食类

粮食价格基本稳定。粮食主要品种水稻、小麦、玉米的价格在过去的 16 年中总体价格呈现出波动频次较少的态势。在 2000 年 1 月至 2015 年 12 月的 192 个月中，稻米有 187 个月环比波幅在 5% 以内，发生明显波动和剧烈波动的次数分别为 3 次和 2 次。小麦发生明显波动、显著波动的次数仅为 5 次和 2 次，平均每 38.4 个月、96 个月发生一次，从未出现过剧烈波动。玉米发生明显波动、剧烈波动各 1 次，从未出现过显著波动。大豆是粮食品种中价格波动较大的品种，明显波动的发生次数为 22 次，平均每 8.7 个月发生一次，发生显著波动、剧烈波动的次数分别为 2 次和 1 次（表 2-2）。

**表 2-2 全国粮食批发价格波动情况**

**Table 2-2 Grain Wholesale Price Volatility in China**

| 品种 | 明显波动（5%～10%） | | 显著波动（10%～15%） | | 剧烈波动（15%） | |
|---|---|---|---|---|---|---|
| | 次数 | 频率 /（月 / 次） | 次数 | 频率 /（月 / 次） | 次数 | 频率 /（月 / 次） |
| 稻米 | 3 | 64 | 0 | — | 2 | 96 |
| 小麦 | 5 | 38.4 | 2 | 96.0 | 0 | — |
| 玉米 | 1 | 192.0 | 0 | — | 1 | 192.0 |
| 大豆 | 22 | 8.7 | 2 | 96.0 | 1 | 192.0 |

### 2.2.2 蔬菜水果类

蔬菜价格波动极其频繁，多数品种呈剧烈波动状态。2000—2015年的192个月间全国蔬菜批发价格（28种平均价）发生明显波动、显著波动、剧烈波动的次数分别为50、42和31次，平均每3.8、4.6和6.2个月发生一次。具体来看，大白菜、生菜、黄瓜、菠菜、西葫芦、韭菜、青椒、卷心菜、茄子、油菜、冬瓜11种蔬菜价格波动最为剧烈，月环比变化幅度超过15%以上的月份超过100次，剧烈波动平均每1.5～1.8个月发生一次；菜花、豆角、莴笋、芹菜、白萝卜、西兰花、番茄、大葱、胡萝卜9种蔬菜价格波动较为频繁，平均每2.0～3.7个月发生一次剧烈波动；葱头、莲藕、生姜、香菇、平菇、大蒜、土豆7种蔬菜主要表现为明显波动，平均每3.4～4.3个月发生一次（表2-3）。

**表2-3 全国蔬菜批发价格波动情况**

**Table 2-3 Vegetable Wholesale Price Volatility in China**

| 品种 | 明显波动（5%～10%） | | 显著波动（10%～15%） | | 剧烈波动（15%） | |
|---|---|---|---|---|---|---|
| | 次数 | 频率/（月/次） | 次数 | 频率/（月/次） | 次数 | 频率/（月/次） |
| 油菜 | 23 | 8.3 | 26 | 7.4 | 115 | 1.7 |
| 豆角 | 37 | 5.2 | 32 | 6.0 | 80 | 2.4 |
| 芹菜 | 44 | 4.4 | 31 | 6.2 | 72 | 2.7 |
| 生姜 | 50 | 3.8 | 18 | 10.7 | 22 | 8.7 |
| 洋白菜 | 27 | 7.1 | 25 | 7.7 | 104 | 1.8 |
| 胡萝卜 | 37 | 5.2 | 45 | 4.3 | 52 | 3.7 |
| 平菇 | 49 | 3.9 | 39 | 4.9 | 39 | 4.9 |
| 葱头 | 45 | 4.3 | 29 | 6.6 | 42 | 4.6 |
| 番茄 | 23 | 8.3 | 26 | 7.4 | 96 | 2.0 |
| 韭菜 | 29 | 6.6 | 24 | 8.0 | 111 | 1.7 |
| 土豆 | 57 | 3.4 | 25 | 7.7 | 16 | 12.0 |
| 菜花 | 32 | 6.0 | 30 | 6.4 | 92 | 2.1 |
| 冬瓜 | 22 | 8.7 | 27 | 7.1 | 109 | 1.8 |
| 白萝卜 | 30 | 6.4 | 34 | 5.6 | 72 | 2.7 |

续表 2-3

| 品种 | 明显波动（5%～10%） | | 显著波动（10%～15%） | | 剧烈波动（15%） | |
|---|---|---|---|---|---|---|
| | 次数 | 频率 /（月 / 次） | 次数 | 频率 /（月 / 次） | 次数 | 频率 /（月 / 次） |
| 青椒 | 23 | 8.3 | 19 | 10.1 | 115 | 1.7 |
| 大蒜 | 41 | 4.7 | 23 | 8.3 | 37 | 5.2 |
| 黄瓜 | 17 | 11.3 | 28 | 6.9 | 127 | 1.5 |
| 大白菜 | 19 | 10.1 | 27 | 7.1 | 105 | 1.8 |
| 西葫芦 | 13 | 14.8 | 31 | 6.2 | 123 | 1.6 |
| 生菜 | 28 | 6.9 | 36 | 5.3 | 109 | 1.8 |
| 西兰花 | 44 | 4.4 | 33 | 5.8 | 58 | 3.3 |
| 大葱 | 46 | 4.2 | 40 | 4.8 | 57 | 3.4 |
| 莲藕 | 53 | 3.6 | 34 | 5.6 | 34 | 5.6 |
| 菠菜 | 23 | 8.3 | 23 | 8.3 | 127 | 1.5 |
| 香菇 | 52 | 3.7 | 22 | 8.7 | 11 | 17.5 |
| 莴笋 | 33 | 5.8 | 30 | 6.4 | 97 | 2.0 |
| 茄子 | 21 | 9.1 | 20 | 9.6 | 120 | 1.6 |
| 27 种蔬菜平均 | 50 | 3.8 | 42 | 4.6 | 31 | 6.2 |

数据来源：批发市场价格数据来自中国农业信息网，2000—2015 年共计 192 个月。

水果价格剧烈波动，多个水果主要品种的价格波动幅度较大。2000—2015 年的 192 个月间水果批发价格（12 种平均价）发生明显波动、显著波动、剧烈波动的次数分别为 63、33 和 31，平均每 3、5.8 和 6.2 个月发生一次。具体来看，西瓜波动最为剧烈，192 个月间波动幅度超过 5% 的月份高达 168 次，其中波幅超过 15% 的次数占比超过 70%，平均每 1.6 个月发生一次剧烈波动。葡萄和柑橘主要表现为剧烈波动，发生剧烈波动、显著波动和明显波动的频率依次为平均每 2、5 和 4 个月左右。192 个月间鸭梨、富士苹果波动幅度在 5%～10% 的月份超过 40 个月，平均每 4.0 个月和 4.4 个月发生一次明显波动，平均每 5.1 个月和 9.1 个月发生一次显著波动，平均 7 个月左右发生一次剧烈波动。香蕉批发价格最为稳定，发生明显波动、显著波动、剧烈波动的次数分别为 55、36 和 16 次，平均每 3.5、5.3 和 12 个月发生一次（表 2-4）。

表 2-4　全国水果批发价格波动情况

Table 2-4　Fruit Wholesale Price Volatility in China

| 品种 | 明显波动（5%～10%） | | 显著波动（10%～15%） | | 剧烈波动（15%） | |
|---|---|---|---|---|---|---|
| | 次数 | 频率 /（月 / 次） | 次数 | 频率 /（月 / 次） | 次数 | 频率 /（月 / 次） |
| 西瓜 | 27 | 7.1 | 19 | 10.1 | 122 | 1.6 |
| 鸭梨 | 48 | 4.0 | 38 | 5.1 | 27 | 7.1 |
| 富士苹果 | 44 | 4.4 | 21 | 9.1 | 26 | 7.4 |
| 葡萄 | 34 | 5.6 | 34 | 5.6 | 82 | 2.3 |
| 香蕉 | 55 | 3.5 | 36 | 5.3 | 16 | 12.0 |
| 柑橘 | 40 | 4.8 | 40 | 4.8 | 72 | 2.7 |
| 12 种水果平均 | 63 | 3.0 | 33 | 5.8 | 31 | 6.2 |

数据来源：批发市场价格数据来自中国农业信息网，2000—2015 年共计 192 个月。

### 2.2.3　肉蛋奶类

猪肉和鸡肉的市场周期较为明显。猪肉生产从全过程看生产周期相对较长，鸡肉生产周期相对较短，因此鸡肉价格波动较为频繁，牛羊肉生产周期也较长，价格波动周期相应较大。在 2000—2015 年的 192 个月中，全国猪肉批发价格发生明显波动、显著波动和剧烈波动的次数分别为 48、6 和 1 次，平均每 4、32 和 192 个月发生一次。白条鸡发生明显波动、显著波动和剧烈波动的次数分别为 18、2 和 3 次，平均每 10.7、96 和 64 个月发生一次。相比较而言，牛羊肉价格较为稳定，192 个月中发生明显波动的次数分别为 14 次和 10 次，并各发生过一次显著波动；从未出现过剧烈波动（表 2-5）。

表 2-5　全国畜产品批发价格波动情况

Table 2-5　Livestock Wholesale Price Volatility in China

| 品种 | 明显波动（5%～10%） | | 显著波动（10%～15%） | | 剧烈波动（15%） | |
|---|---|---|---|---|---|---|
| | 次数 | 频率 /（月 / 次） | 次数 | 频率 /（月 / 次） | 次数 | 频率 /（月 / 次） |
| 猪肉 | 48 | 4.0 | 6 | 32.0 | 1 | 192.0 |
| 毛猪 | 48 | 4.0 | 21 | 9.1 | 6 | 32.0 |
| 仔猪 | 59 | 3.3 | 28 | 6.9 | 36 | 5.3 |
| 牛肉 | 14 | 13.7 | 1 | 192.0 | 0 | — |
| 羊肉 | 10 | 19.2 | 1 | 192.0 | 0 | — |
| 鸡蛋 | 58 | 3.3 | 12 | 16.0 | 5 | 38.4 |

续表 2-5

| 品种 | 明显波动（5%～10%） | | 显著波动（10%～15%） | | 剧烈波动（15%） | |
|---|---|---|---|---|---|---|
| | 次数 | 频率 /（月 / 次） | 次数 | 频率 /（月 / 次） | 次数 | 频率 /（月 / 次） |
| 鸭蛋 | 30 | 6.4 | 2 | 96.0 | 3 | 64.0 |
| 白条鸡 | 18 | 10.7 | 2 | 96.0 | 3 | 64.0 |
| 活鸡 | 37 | 5.2 | 9 | 21.3 | 5 | 38.4 |
| 活鸭 | 38 | 5.1 | 13 | 14.8 | 8 | 24.0 |
| 鲜奶 | 4 | 48.0 | 0 | — | 1 | 192.0 |

数据来源：价格数据来自中国农业信息网，2000—2015 年共计 192 个月，除鲜奶为零售价格外，其余品种均为批发市场价格。

畜禽活体价格波动比肉类更为频繁。毛猪价格在 192 个月中发生明显波动、显著波动和剧烈波动的次数分别为 48、21 和 6 次，平均每 4、9.1 和 32 个月发生一次。仔猪发生明显波动、显著波动和剧烈波动的次数分别为 59、28 和 36 次，平均每 3.3、6.9 和 5.3 个月发生一次。活鸡、活鸭产品发生过明显波动的次数分别是 37 次和 38 次，平均为 5 个多月发生一次明显波动；发生显著波动的次数分别为 9 次和 13 次；发生剧烈波动的次数分别是 5 次和 8 次（表 2-5）。

禽蛋价格波动较为频繁，鲜奶价格基本稳定。由于禽蛋生产周期相对较短，鸡蛋、鸭蛋价格在 192 个月间分别发生过 58、30 次明显波动，平均每 3.3 个月、6.4 个月发生一次；发生过 12、2 次显著波动；发生过 5、3 次剧烈波动。全国鲜奶零售价格相对稳定，仅发生过 4 次明显波动、1 次剧烈波动，192 个月间有 151 个月波幅不超过 1%（表 2-5）。

### 2.2.4 水产品类

水产品价格波动显现明显波动特征。从不同品种比较来看，2000 年 1 月至 2015 年 12 月的 192 个月间，基围虾价格波动最为剧烈，发生明显波动、显著波动、剧烈波动的次数分别为 31、34 和 87 次，平均每 6.2、5.6、2.2 个月发生一次。黄鳝、泥鳅、罗非鱼 192 个月间月环比波幅超过 5% 的次数超过三成，明显波动、显著波动发生的频率分别为每 4、8 个月左右发生一次。虹鳟鱼、白鲢活鱼、活草鱼、带鱼、活鲫鱼、活鲤鱼、武昌鱼 7 种水产品价格相对稳定，平均每 5.2～8.3 个月发生一次明显波动、2～3 年发生一次显著波动、超过 3 年发生一次剧烈波动（表 2-6）。

表 2-6　全国水产品批发价格波动情况

Table 2-6　Aquatic Products Wholesale Price Volatility in China

| 品种 | 明显波动（5%～10%） | | 显著波动（10%～15%） | | 剧烈波动（15%） | |
|---|---|---|---|---|---|---|
| | 次数 | 频率 /（月 / 次） | 次数 | 频率 /（月 / 次） | 次数 | 频率 /（月 / 次） |
| 带鱼 | 34 | 5.6 | 6 | 32.0 | 6 | 32.0 |
| 罗非鱼 | 54 | 3.6 | 21 | 9.1 | 24 | 8.0 |
| 活鲫鱼 | 35 | 5.5 | 6 | 32.0 | 1 | 192.0 |
| 活鲤鱼 | 37 | 5.2 | 6 | 32.0 | 4 | 48.0 |
| 活草鱼 | 30 | 6.4 | 2 | 96.0 | 4 | 48.0 |
| 黄鳝 | 39 | 4.9 | 20 | 9.6 | 6 | 32.0 |
| 基围虾 | 31 | 6.2 | 34 | 5.6 | 87 | 2.2 |
| 武昌鱼 | 37 | 5.2 | 8 | 24.0 | 10 | 19.2 |
| 虹鳟鱼 | 23 | 8.3 | 5 | 38.4 | 3 | 64.0 |
| 白鲢活鱼 | 28 | 6.9 | 14 | 13.7 | 2 | 96.0 |
| 泥鳅 | 44 | 4.4 | 23 | 8.3 | 18 | 10.7 |

数据来源：批发市场价格数据来自中国农业信息网，2000—2015 年共计 192 个月。

## 2.3　农产品价格波动周期分析

农产品生产实际上是自然再生产和社会再生产相结合的过程，是自然影响因素与社会影响因素共同决定了农产品市场变化。开展对农产品市场价格波动规律的研究，有利于农产品的生产者与经营者准确把握未来市场形势，也为农产品市场风险规避提供了重要的决策依据。

农产品价格是由其供给与需求最终状况决定的，由于市场“看不见的手”的作用，农产品价格在上涨过程中不可能一直上涨下去，它总会被价格上涨引发的供给增加而转为价格下跌。同样道理，农产品在完全竞争的市场条件下，其价格也不可能在下降的过程中一直跌下去，也一定会因为价格的下跌而导致生产减少或消费增加而出现价格上涨。那么，农产品价格从价格上升达到波峰而出现下降，再从波谷回到下一个波峰，这两个波峰之间我们就称它为一个波动周期。同理，从一个波谷到另一个波谷的时间我们也可称之为一个波动周期。本研究所谓的农产品价格波动周期分析就是分析这种周期的时间长短及其一定阶段内的变化频次。

### 2.3.1　研究方法——HP 滤波法

月度或季度的时间序列包含了 4 种变化要素，即：影响长期趋势的要素（T）、循环要素（C）、季节性变动的要素（S）和不规则的要素（I）。季节性变动要素和不规则要素往往掩盖其价格波动中的其他客观变化，对分析当下价格所处的状态带来干扰，因此，一般在分析之前剔除其季节性变动的要素和不规则要素，再利用趋势分解法将趋势和循环要素分离出来。在趋势分解法中，应用回归分析法、移动平均法、HP 滤波法和 BP 滤波法等进行趋势分解，本研究主要采用 HP 滤波法进行趋势分解。

HP（Hodrick-Prescott）滤波法是 Hodrick 和 Prescott（1980）采用对称的数据移动平均方法原理得到一个平滑的序列趋势，其在战后美国经济周期分析的论文中首先使用。它假设 $\{Y_t\}$ 为包含着波动成分及趋势成分的时间序列数据，$\{Y_t^T\}$ 为趋势成分，$\{Y_t^c\}$ 为含有波动的成分。表达为：

$$Y_t = Y_t^T + Y_t^c, \quad t \text{ 为 } 1,\ 2,\ \cdots,\ n$$

其分析原理是从原来的不光滑时间序列 $\{Y_t\}$ 中，找出一个光滑的时间序列 $\{Y_t^T\}$。分析算法通过定义下面的最小化问题而进行：

$$Y_t^T = \min\left\{\sum_{i=1}^{T}(Y_t - Y_t^T)^2 + \lambda\sum_{i=2}^{T-1}[(Y_{t+1} - Y_t^T) - (Y_t - Y_t^T)]^2\right\}$$

其中，$\lambda$ 为对趋势成分 $Y_t^T$ 波动的惩罚因子。假设 $c_t = Y_t - Y_t^T$，$\Delta Y_t^T = Y_t^T - Y_{t-1}^T$，则 $\lambda$ 的最优取值为：

$$\lambda = \mathrm{Var}(c_t) / \mathrm{Var}(\Delta^2 Y_t^T)$$

当时间序列以年度数据分析时，根据经验，$\lambda$ 取值为 100；当时间序列为季度数据分析时，$\lambda$ 取值可为 1600；当时间序列为月度数据时，$\lambda$ 取值可为 14400。

### 2.3.2　实证分析

本章对农产品价格波动进行分析，应用统计分析软件 Eviews7.2 进行，猪肉、牛羊肉等价格时间序列从 2000 年 1 月开始，至 2015 年 12 月为止，用全国月度批发市场价格；蔬菜价格（为 28 种平均）和水果价格（为 12 种平均）的时间序列为 2000 年 1 月开始，至 2015 年 12 月为止，用全国月度批发市场价格。波动周期计算按照上一个波峰与下一个波峰的时间进行。

#### 2.3.2.1 猪肉市场价格的波动周期

对猪肉价格波动周期进行分析，先将猪肉价格序列进行季节性的分解，将季节性变动要素和不规则要素剔除出来，然后用 HP 滤波法进行趋势分解，分离出趋势要素和循环要素。其循环结果如图 2-18 所示。

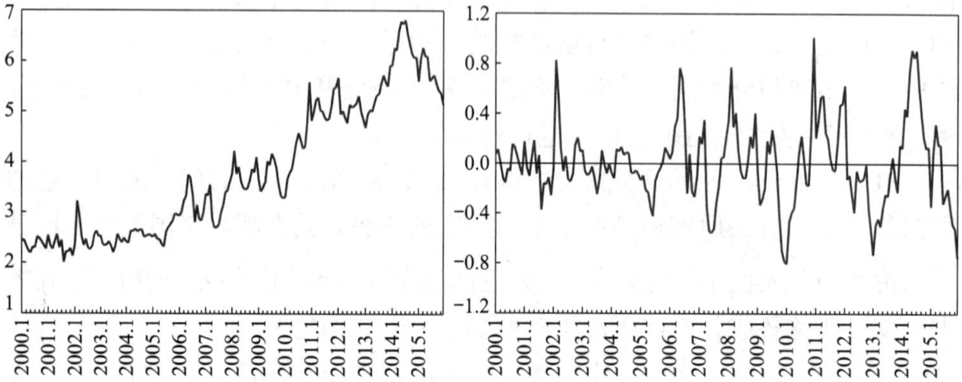


**图 2-18 剔除季节性和不规则要素后猪肉价格序列及其波动状况**

**Fig. 2-18 Pork Price Trend and Its Fluctuation Removed from Seasonal and Irregular Factors**

分析数据表明，其价格变化用倒“U”形法进行周期划分较为合适。将偏离率开始上升的时期至临近的波峰，再从波峰反弹回落至临近的波谷时期，可将此看成为一个完整的价格变化周期。一般而言，周期划分标准设置得越高，那么所能辨别的波动周期数就越少，所能反映的价格波动特征就越显粗略。

猪肉波动周期的划分标准是，以波动偏离率的波峰与波谷落差大于 1 作为一个周期的划分标准。其分析结果详见表 2-7。自 2000 年 1 月份以来，猪肉市场的价格波动可以划分为五个周期：第一个周期为 2000 年 1 月至 2006 年 5 月；第二个周期为 2006 年 6 月至 2008 年 2 月；第三个周期为 2008 年 3 月至 2010 年 12 月；第四个周期为 2011 年 1 月至 2014 年 7 月；第五个周期开始于 2014 年 8 月。从峰谷值比率来看，周期一价格波动最为剧烈，峰谷值比率为 −1.83；其次为周期二，峰谷值比率为 −1.38。从周期对称性来看，猪肉 4 个完整周期的对称性均较差，价格波动呈缓降陡升态势，价格上涨时间小于下跌时间。

表 2-7 猪肉市场价格波动周期分析结果

**Table 2-7 Analysis of Pork Price Fluctuation Cycle**

| 波动周期 | 起止年月 | 周期长度 / 月 | 波谷位置 | 收缩期（波谷在波长中的月份） | 峰谷值比率 /% | 周期振幅（波峰值 − 波谷值） | 周期类型 |
|---|---|---|---|---|---|---|---|
| 1 | 2000.1 至 2006.5 | 77 | 2005.6 | 第 66 个月 | −1.83 | 6.5 | 缓降陡升型 |
| 2 | 2006.6 至 2008.2 | 21 | 2007.6 | 第 13 个月 | −1.38 | 4.3 | 缓降陡升型 |
| 3 | 2008.3 至 2010.12 | 34 | 2010.1 | 第 23 个月 | −1.28 | 4.4 | 缓降陡升型 |
| 4 | 2011.1 至 2014.7 | 43 | 2013.1 | 第 25 个月 | −1.25 | 6.5 | 缓降陡升型 |
| | 从 2014 年 7 月进入第 5 个价格波动周期 | | | | | | |

### 2.3.2.2 牛肉市场价格波动周期

牛肉品种在过去的许多年中是价格上涨较快的品种。对牛肉波动周期进行测算，首先要对牛肉价格序列进行季节性分解，将季节性的变动要素和不规则的要素剔除出来，然后采用 HP 滤波法分离出变化中的趋势要素和循环要素，其循环结果如图 2-19 所示。

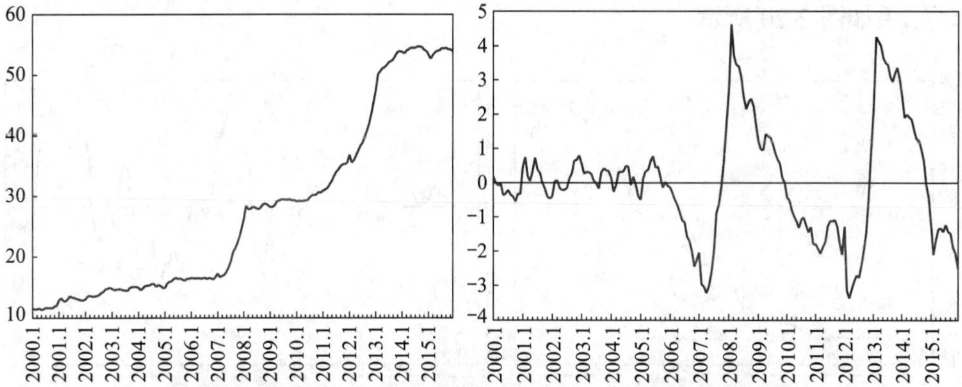


图 2-19 剔除季节性和不规则要素后牛肉价格序列及其波动状况

**Fig. 2-19 Beef Price Trend and Its Fluctuation Remove from Seasonal and Irregular Factors**

牛肉市场价格波动周期以波动偏离率所形成的波峰跟波谷的落差大于 4 来作为划分标准，其分析结果详见表 2-8。自 2000 年 1 月份以来，牛肉价格波动可划分为三个周期：第一个周期为 2000 年 1 月至 2008 年 2 月；第二个周期为 2008 年 3 月至 2013 年 2 月；第三个周期始于 2013 年 3 月。从牛肉市场价格波动周期的波长看，第一个周期、第二个周期的长度分别为 98 个月和 60 个月。从峰谷值比率来看，第一个周期的价格剧烈波动，峰谷值比率

为 −1.44，第二个周期的峰谷值比率为 −1.27。从周期对称性来看，牛肉的 2 个完整周期对称性均较差，价格波动都呈缓降陡升态势，价格上涨时间小于下跌时间。

表 2-8　牛肉市场价格波动周期分析结果

Table 2-8　Analysis of Beef Price Fluctuation Cycle

| 波动周期 | 起止年月 | 周期长度 / 月 | 波谷位置 | 收缩期（波谷在波长中的月份） | 峰谷值比率 /% | 周期振幅（波峰值 − 波谷值） | 周期类型 |
|---|---|---|---|---|---|---|---|
| 1 | 2000.1 至 2008.2 | 98 | 2007.4 | 第 88 个月 | −1.44 | 7.8 | 缓降陡升型 |
| 2 | 2008.3 至 2013.2 | 60 | 2012.3 | 第 49 个月 | −1.27 | 7.7 | 缓降陡升型 |
| | 从 2013 年 3 月进入第 3 个价格波动周期 | | | | | | |

### 2.3.2.3　羊肉市场价格波动周期

在过去的 15 年中，羊肉价格总体上呈较快的上升趋势。对羊肉波动周期进行测算，首先要对羊肉价格序列进行季节性分解，将价格季节性变动要素和不规则要素剔除，然后应用 HP 滤波法分离出趋势要素和循环要素，其循环结果如图 2-20 所示。

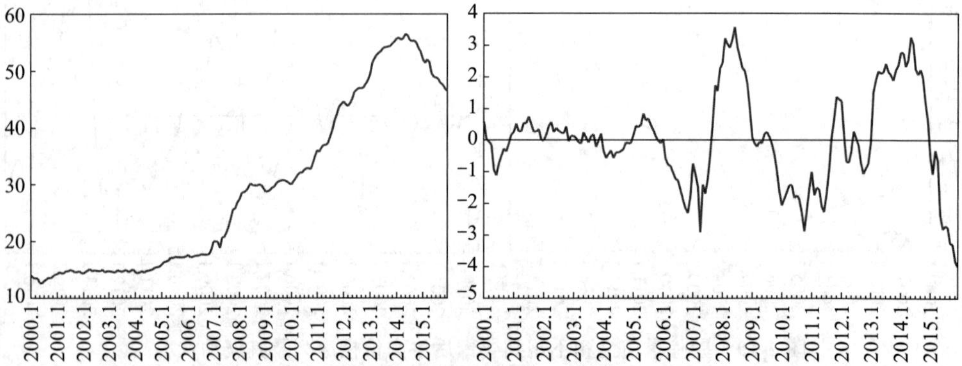


图 2-20　剔除季节性和不规则要素后羊肉价格序列及其波动状况

Fig. 2-20　Mutton Price Trend and Its Fluctuation Removed from Seasonal and Irregular Factors

羊肉波动周期以每次波动的偏离率所形成的波峰与波谷落差大于 2 时作为划分标准。其分析结果详见表 2-9。自 2000 年 1 月份以来，羊肉价格波动可划分为四个周期：第一个周期为 2001 年 2 月至 2008 年 6 月；第二个周期是 2008 年 7 月至 2011 年 11 月；第三个周期为 2011 年 12 月至 2014 年 5 月；第四个周期始于 2014 年 6 月。从羊肉市场价格的波动周期之波长来看，羊肉价格波动的周期长度呈缩小趋势，第一个周期、第二个周期和第三个周期的长度分别为 102、41 和 30 个月。从峰谷值比率来看，第三周期价格波动最为剧烈，峰谷值比率为 −3；其次为第一个周期，波距峰谷值比率为 −1.24。从周期对称性来看，羊肉的 3 个完整周期对称性均较差，第一个周期和第二个周期市场价格波动呈现缓降陡升的态势，第三个周期的价格波动呈陡降缓升态势，价格的上涨时间短于下跌时间。

**表 2-9　羊肉市场价格波动周期分析结果**

**Table 2-9　Analysis of Mutton Price Fluctuation Cycle**

| 波动周期 | 起止年月 | 周期长度 / 月 | 波谷位置 | 收缩期（波谷在波长中的月份） | 峰谷值比率 /% | 周期振幅（波峰值 − 波谷值） | 周期类型 |
|---|---|---|---|---|---|---|---|
| 1 | 2000.1 至 2008.6 | 102 | 2007.4 | 第 75 个月 | −1.24 | 6.5 | 缓降陡升型 |
| 2 | 2008.7 至 2011.11 | 41 | 2010.10 | 第 28 个月 | −0.48 | 4.3 | 缓降陡升型 |
| 3 | 2011.12 至 2014.5 | 30 | 2012.10 | 第 11 个月 | −3 | 4.4 | 陡降缓升型 |
| | 从 2014 年 6 月进入第 4 个价格波动周期 | | | | | | |

### 2.3.2.4　鸡蛋市场价格波动周期

鸡蛋的全国批发市场价格与牛羊肉相比，增长幅度是比较小的，但仍然呈现出波动上升的趋势。对鸡蛋波动周期进行测算，首先要对鸡蛋价格序列进行季节性分解，将季节性变动要素和不规则要素剔除出来，然后采用 HP 滤波法分离出趋势要素以及循环要素，其循环结果如图 2-21 所示。

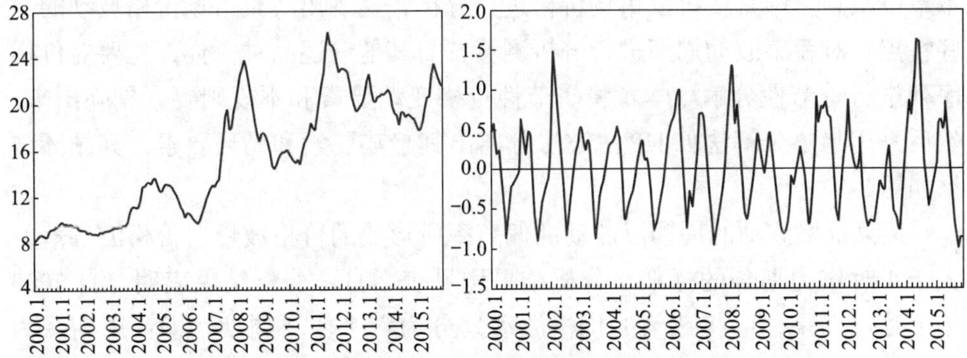


**图 2-21　剔除季节性和不规则要素后鸡蛋价格序列及其波动状况**

**Fig. 2-21　Hen Eggs Price Trend and Its Fluctuation Removed from Seasonal and Irregular Factors**

鸡蛋价格的波动周期以波动的偏离率所形成的价格波峰与价格波谷落差值大于5时作为划分标准，分析结果详见表2-10。自2000年1月份以来，鸡蛋价格波动可划分为四个周期：周期一为2001年2月至2008年4月；周期二为2008年5月至2011年7月；周期三为2011年8月至2015年8月；周期四始于2015年9月。鸡蛋价格波动周期的波长表明，鸡蛋价格波动周期长度呈不断缩小趋势，周期一、周期二和周期三的波动周期长度分别为88、41和49个月。从峰谷值比率来看，第一周期的价格波动最为剧烈，峰谷值比率为−1.81；其次为周期二，波距峰谷值比率为−1.57。从周期对称性来看，鸡蛋价格的3个完整波动周期其对称性较差，价格波动都呈现出缓降陡升态势，价格上涨的时间短于下跌时间。

表2-10　鸡蛋市场价格波动周期分析结果

Table2-10　Analysis of Hen Egg Price Fluctuation Cycle

| 波动周期 | 起止年月 | 周期长度/月 | 波谷位置 | 收缩期（波谷在波长中的月份） | 峰谷值比率/% | 周期振幅（波峰值－波谷值） | 周期类型 |
|---|---|---|---|---|---|---|---|
| 1 | 2000.1至2008.4 | 88 | 2006.6 | 第78个月 | −1.81 | 10.1 | 缓降陡升型 |
| 2 | 2008.5至2011.7 | 41 | 2010.6 | 第26个月 | −1.57 | 9.5 | 缓降陡升型 |
| 3 | 2011.8至2015.8 | 49 | 2015.1 | 第42个月 | | 5.5 | 缓降陡升型 |
| | 从2015年9月开始进入第4个价格波动周期 | | | | | | |

### 2.3.2.5　蔬菜市场价格波动周期

蔬菜价格的波动相比前面所述的几个品种来看，价格波动是比较频繁的。本章以蔬菜全国月度批发市场价格进行分析，显现出蔬菜市场价格波动的一些特点。对蔬菜波动周期进行分析测算，与其他前述品种一样，先要对价格序列进行季节性分解。本章将季节性价格变动要素和不规则要素剔除出来，然后采用趋势分解法如HP滤波法分离出其趋势要素和循环要素，其循环结果如图2-22所示。

蔬菜价格波动的周期以波动的偏离率所形成的价格波峰对价格波谷落差大于1时作为划分的标准，分析结果详见表2-11。分析结果表明，自2000年1月份以来，可将蔬菜的价格波动划分为六个主要周期，即：周期一为2001年1月至2004年9月；周期二为2004年10月至2007年5月；周期三为2007年6月至2011年6月；周期四为2011年7月至2013年1月；周期五为2013年2月至2014年5月；周期六开始于2014年6月。从蔬菜价

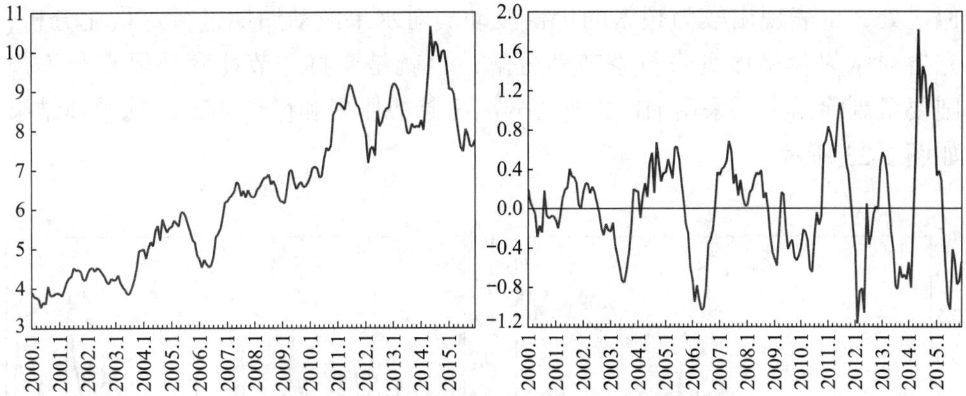

图 2-22 剔除季节性和不规则要素后蔬菜价格序列及其波动状况

Fig. 2-22 Vegetable Price Trend and Its Fluctuation Removed from Seasonal and Irregular Factors

格波动周期的波长来看，蔬菜价格波动周期长度呈缩小态势，周期一至周期五的长度分别为 57、32、48、18 和 16 个月。蔬菜价格从波峰波谷值的比率来看，第五周期的价格波动最为剧烈，其峰谷值比率为 −2.22；第三周期为仅次于第五周期波动程度的价格波动期，波距峰谷值比率为 −1.66。从价格波动的周期对称性来看，蔬菜价格的 5 个完整波动周期的对称性都比较差，周期一、周期二、周期三的价格波动均呈现先缓降而后陡升态势，周期四与周期五的价格波动呈现出陡降缓升的态势。

表 2-11 蔬菜市场价格波动周期分析结果

Table 2-11 Analysis of Vegetable Price Fluctuation Cycle

| 波动周期 | 起止年月 | 周期长度 / 月 | 波谷位置 | 收缩期（波谷在波长中的月份） | 峰谷值比率 /% | 周期振幅（波峰值 − 波谷值） | 周期类型 |
|---|---|---|---|---|---|---|---|
| 1 | 2000.1 至 2004.9 | 57 | 2003.7 | 第 43 个月 | −0.89 | 1.42 | 缓降陡升型 |
| 2 | 2004.10 至 2007.5 | 32 | 2006.5 | 第 20 个月 | −0.66 | 1.71 | 缓降陡升型 |
| 3 | 2007.6 至 2011.6 | 48 | 2010.6 | 第 37 个月 | −1.66 | 1.73 | 缓降陡升型 |
| 4 | 2011.7 至 2013.1 | 18 | 2012.2 | 第 8 个月 | −0.49 | 1.74 | 陡降缓升型 |
| 5 | 2013.2 至 2014.5 | 16 | 2013.8 | 第 7 个月 | −2.22 | 2.64 | 陡降缓升型 |
| | 从 2014 年 6 月进入第 6 个价格波动周期 | | | | | | |

### 2.3.2.6 水果市场价格波动周期

水果作为鲜食为主的农产品，在储存、消费、运输等方面与蔬菜有相似之处，也表现出较为频繁的价格波动。对水果波动周期进行定量化分析，先要对水果价格序列进行季节性分解，也就是要将季节性变动要素与不规则要素剔除出来，采用 HP 滤波法分离出趋势要素和循环要素。其循环结果如图 2-23 所示。

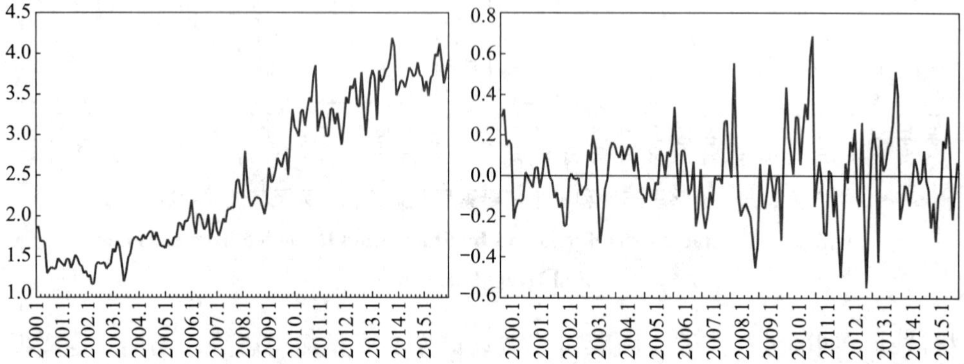


**图 2-23　剔除季节性和不规则要素后水果价格序列及其波动状况**

**Fig. 2-23　Fruits Price Trend and Its Fluctuation Removed from Seasonal and Irregular Factors**

水果波动周期以其价格波动的偏离率所形成的波峰价格与价格波谷落差大于 50% 时作为划分标准，有关分析结果详见表 2-12。自 2000 年 1 月份以来，可将水果的价格波动划分为 8 个周期：周期一为 2001 年 1 月至 2006 年 1 月；周期二为 2006 年 2 月至 2008 年 2 月；周期三为 2008 年 3 月至 2010 年 11 月；周期四为 2010 年 12 月至 2012 年 8 月；周期五为 2012 年 9 月至 2013 年 1 月；周期六为 2013 年 2 月至 2013 年 10 月；周期七为 2013 年 11 月至 2015 年 8 月；周期八开始于 2015 年 9 月。从水果市场价格波动周期的波长来看，水果价格波动周期长度呈缩短态势，分析了周期一至周期七的周期长度，其周期长度分别为 85、25、23、21、5、2 和 22 个月。从峰谷值的比率可以看出，第二周期的价格波动是最为剧烈的，其峰谷值比率为 −2.15；其次是周期三，水果价格波动的波距峰谷值比率为 −1.53。从周期对称性来看，7 个完整价格波动周期的对称性都比较差，周期一与周期二基本对称，周期三、周期五与周期六价格波动呈现陡降缓升态势，周期四和周期七的价格波动呈现出缓降陡升态势，价格上涨时间长于下跌时间。

表 2-12 水果市场价格波动周期分析结果

Table 2-12 Analysis of Fruit Price Fluctuation Cycle

| 波动周期 | 起止年月 | 周期长度 / 月 | 波谷位置 | 收缩期（波谷在波长中的月份） | 峰谷值比率 /% | 周期振幅（波峰值 – 波谷值） | 周期类型 |
|---|---|---|---|---|---|---|---|
| 1 | 2000.1 至 2006.1 | 85 | 2003.6 | 第 42 个月 | −1.03 | 0.67 | 基本对称 |
| 2 | 2006.2 至 2008.2 | 25 | 2007.2 | 第 13 个月 | −2.15 | 0.82 | 基本对称 |
| 3 | 2008.3 至 2010.11 | 23 | 2008.11 | 第 9 个月 | −1.53 | 1.14 | 陡降缓升型 |
| 4 | 2010.12 至 2012.8 | 21 | 2011.11 | 第 12 个月 | −0.52 | 0.76 | 缓降陡升型 |
| 5 | 2012.9 至 2013.1 | 5 | 2012.10 | 第 2 个月 | −0.4 | 0.77 | 陡降缓升型 |
| 6 | 2013.2 至 2013.10 | 9 | 2013.3 | 第 2 个月 | −1.19 | 0.94 | 陡降缓升型 |
| 7 | 2013.11 至 2015.8 | 22 | 2015.3 | 第 17 个月 | −0.91 | 0.61 | 缓降陡升型 |
| | 从 2015 年 9 月进入第 8 个价格波动周期 | | | | | | |

## 2.4 农产品价格波动特征

我国农产品价格在不同时期、不同品种间都表现为明显差异性，这种差异性是由农产品的生产、消费、贸易及市场条件等因素影响的，各种品种都显现出各自的特征。

### 2.4.1 产品类波动特征分析

过去 16 年的数据分析表明，粮油产品波动周期长、波幅小，市场价格相对比较稳定。2000 年 1 月至 2015 年 12 月，在 192 个月的时间里，农产品批发市场上稻谷明显波动（5%～10%）只发生过 3 次，显著波动（10%～15%）只发生过 1 次，剧烈波动（15% 以上）只发生过 1 次。小麦明显波动（5%～10%）只发生过 3 次，显著波动（10%～15%）只发生过 1 次，没有发生过剧烈波动。玉米发生了明显波动（5%～10%）9 次，显著波动（10%～15%）1 次。大豆发生过明显波动（5%～10%）11 次，显著波动（10%～15%）2 次，剧烈波动（15% 以上）1 次。相对粮食类产品价格较稳定，肉、蛋、奶类产品其市场价格波动型要大一些，而稳定性则较差一些。

在畜产品中，生猪、禽蛋等畜产品的价格变动幅度最大。牛羊等畜产品，因生产周期较长，价格变化不易忽高忽低呈现，而往往在一个较高的价格水平或较低的价格水平上长期不变。20 世纪 80 年代和 90 年代畜产品价格波动所经历的周期长度分别是 10 年和 9 年，周期长度相对较长。但 2000 年后，周期长度缩短，每个周期的长度 3～4 年。

蔬菜水果类价格波动十分频繁，这与产品特性紧密相关。这类产品不易保存，销售周期短，生产差异性大，一遇到自然气候突变等外在因素的影响，对市场影响较大。近 10 多年以来，蔬菜价格呈现出结构性变化特征，果类菜价格波动幅度整体高于叶菜类，小类产品如大蒜、生姜的波动幅度明显高于大类产品如大白菜、白萝卜等。192 个月的数据分析表明，蔬菜价格波动频度最大，显著波动（10%～15%）和剧烈波动（15% 以上）的频次多达 73 次之多。水果价格波动次之，显著波动（10%～15%）与剧烈波动（15% 以上）频次达 64 次。

### 2.4.2 波幅类特征分析

农产品价格波动周期一般来说是指价格在两个波峰或波谷拐点间的时间长度。波幅是反映农产品价格波动程度大小的重要指标，波幅的计算方法是测定农产价格每个周期内波峰与波谷之间的距离（价格差）。在研究农产品价格的波幅时，也可针对固定周期（时间段）进行价格变化比较，测定不同时间段内农产品价格的波幅情况，这种方法更易刻画农产品的自然时间段变化，其结果也更易被政策制定者采用。本章对主要鲜活农产品进行了波幅的测定，在过去的 15 年间，肉类波幅最大的是在 2007—2012 年，肉类批发价格从 17.30 元 / 公斤上涨到 30.18 元 / 公斤，年均增长率为 11.8%，其中 2007 年、2008 年内其价格波幅较大，年同比增长率高达 30%。蔬菜价格波幅最大的是出现在 2007—2009 年，年平均增长率高达 13.9%，水果价格波幅最大的是在 2010—2015 年，价格上涨幅度较大，年均增幅为 6.2%，6 年间有 4 年的价格波动幅度达 10%。

### 2.4.3 成因类特征分析

农产品生产周期相对较长，生产者针对市场价格变化再去组织生产的效应是具有滞后性的。农产品的品质也受土壤、降雨、气候等因素的影响。因此，不同地域生产出的农产品品质差异很大，农产品的产地与销地往往距离比较远，呈现出区域市场价格“高地”或“洼地”，这些都会引起农产品价格发生波动。前段的分析表明，我国农产品中，粮食类农产品价格的稳定性最高，一是价格周期长，二是波幅落差小。以小麦为例，批发价格 2001 年为 1.29 元 / 公斤，2015 年为 2.99 元 / 公斤，平均每年上涨 4.8%。大米、玉米也是类似情况。粮食类农产品价格波动小的原因是多方面的：一是国家出台了一系列的稳农稳粮政策，从 2004 年开始中央连续 13 个中央一号文件也在此阶段，每年中央一号文件都强调粮食生产与粮食安全，并实实在在实施了一系列的粮食生产支持政策，如最低收购价政策、托市收购政策，都对粮食价格不下跌、粮食价格不下行提供了重要的因素支持力量。二是粮食类产品相对来说耐运输、耐储存，可一季生产周年供应或一季生产多年供应，这种产品特点体现在市场价格信号释放后，生产者有时间调整生产，促进农产品供需平衡，从而保证价格相对稳定。

蔬菜水果产品价格波动在过去的 16 年时间里是最为明显的，蔬菜、水果价格波动频发，波动幅度大，16 年间发生显著波动以上级别的次数超过 70、60 次以上。这种大幅度、高频次的价格波动主要是由以下因素引起的：一是蔬菜及水果（尤其是瓜果）的生产受天气条件影响大、范围广，个别蔬菜品种如绿叶蔬菜、地方性小青菜等，生育期短、上市集中，生产者易受市场上一段价格信号的影响去组织生产，而待到农产品上市时市场供求状况已出现了相反的现象。二是蔬菜、水果类产品不易运输、不耐储藏，中间损耗大，长途运输受气象影响较大，容易造成偶发因素的蔬菜水果供给不均衡，从而造成价格较大幅度波动。三是这类产品受季节影响大，一年内因为环境的变化，其供给量、消费量都会出现较大的变化，容易产生价格波动。节假日对水果等消费弹性较大的产品影响较大，进而也影响其市场价格的波动。

### 2.4.4 效应类特征分析

农产品价格波动一定会带来多方面的重要影响：一是对经济增长带来的影响，这种影响在不同时期、不同产业的表现是不一样的。农产品价格变化对第一产业的影响是直接的，即直接引起第一产业的产值变化，使其增长或减少。对第二产业的影响也是十分明显的，将会引起第二产业成本的增长或减少。对第三产业的影响不同农产品影响效应不一样，有不少农产品的价格变化可能会直接影响到第三产业中某些行业的生存性、服务性的根本性变化。农产品价格的涨跌与 GDP 存在一定的关联性，有学者指出农产品价格的上升对经济产生的影响要比农产品价格下降产生的影响要大，也有人认为农产品价格波动对国民收入的影响存在短期弹性和长期弹性，GDP 每增长 1%，农产品价格增长的短期弹性和长期弹性分别为0.29%和0.30%。二是对人们生活水平的影响，农产品作为最重要的食物资源，是人类生存的基础，是人们生活的必需品，其价格波动直接影响人们生活质量与健康。一般来说，农产品价格上涨必然引起农产品消费的减少，特别是在农产品价格涨幅偏大时，许多情况下，消费者会选择其他农产品替代消费或选择减少购买，这在一定程度上影响居民的消费，尤其是贫困人口及家庭，价格上涨特别是粮食、蔬菜、水果价格上涨影响较大。而价格下降对生产者不利，减少收入、减少利润，对消费者的影响有时也是负面的，即有可能引起过度消费，同样会带来对健康的不利影响，还会造成大量的食物浪费，影响和破坏环境。三是对产业健康发展不利。市场经济条件下，价格的适度波动有利于调动生产者的积极性及消费者的理性行为，但价格波动频繁、波幅过大，对整个产业影响是不利的。农产品生产基本上都是周期性特征的生产，市场价格与生产者预期相差过大就会造成生产赔本或生产暴利，这两种情况都会改变生产者行为，进而调整其种养结构和方式，往往会造成新一轮的供需不平衡，使产业发展无法预先设计和控制，进而降低产业效益和产业竞争力。

# 第 3 章 影响农产品价格波动因素研究

Chapter 3

农产品价格波动的原因是复杂的。从根本上说，主要是由农产品的供给与需求双方决定的。但在很多情况下，当农产品供给充足时，也会出现农产品价格上涨的情况，农产品消费增长时，也会引起价格下降，这不仅受到品种结构、市场完备性、市场开放度、市场秩序等多重因素的影响，也受到市场信息不对称的影响，从而造成农产品价格变化的传导时间、传导路径的影响非对称等现象的发生。影响农产品价格波动的因素从总供给与总需求角度说，因素是多方面的（图 3-1），本章将从生产因素、消费因素、政策因素、偶发因素进行单独分析。

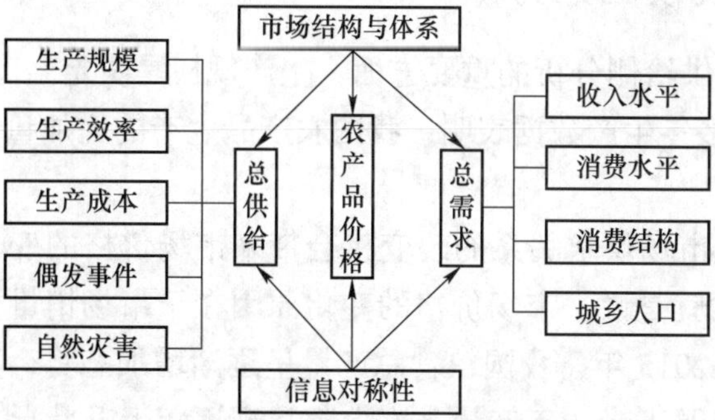


图 3-1　农产品价格波动的因素

Fig. 3-1　Agricultural Price Volatility Influencing Factors

## 3.1　生产因素

西方经济学的供给理论告诉我们，某种商品的供给是产品的生产者在一定时期内，在各种可能的价格下能够并且愿意出售的该种商品的量。一般而言，一种商品的价格越高，生产者提供的产量越大；商品的价格越低，生产者提供的产量就越少。农产品作为一种特殊的商品，其本身首先是有一般商品的属性，因此，其供求关系的规律也与一般商品相同，但同时，农产品许多是鲜活产品，许多产品也是人民生活必需品，价格消费弹性低，生产、运输、储存等环节具有一定的特殊性，因此又具有其特殊性，但总体上，农产品价格变动与供求关系变化关联性仍是这样表达，即农产品供求关系趋于紧平衡，当产量不足以满足需要时，农产品市场价格将会上涨。反之则会下降。

农产品是依靠自然条件而生产出来的产品，生产具有明显的季节性和周期性，大多数鲜活农产品具有不耐储、易腐烂、变质快的特征。农产品自身的特殊性，使得农产品的市场供给与产品需求之关系发生较大变化进而成为影响主要农产品价格的重要因素。农产品市场中的供给与需求关系发生变化时，将对各类农产品价格的形成机制产生重要影响。农产品生产本身所具有的前面所述特征，也使得农产品生产者对于这种农产品生产的规模、效率等变得十分敏感，只能通过加强生产管理、采用生产新技术、减少成本、提高效率等措施，实现最大限度的供需匹配，才能使供给侧产品的变化影响价格波动的变化最小。

### 3.1.1 生产规模因素分析

生产规模是供给侧分析的重要方面，生产规模是决定生产量的重要因素。我国农产品 50 多年生产数据表明，我国农产品生产的增加量，一靠面积扩大，二靠单产增加。

一般认为，市场供求关系的改变将会带来市场价格的变化，市场供求决定市场价格。也就是说，市场价格的变化原因在于市场销量与需求量之间的不均衡。2005—2015 年，我国粮食总产量呈逐渐增加态势，其中主要粮食作物水稻、小麦以及玉米的年产量基本上都呈现逐年上升状况；蔬菜、水果的年产量同样随时间呈上升趋势。2015 年，我国粮食总产量持续增加到 6.2 亿吨，其中大米 1.45 亿吨，小麦 1.29 亿吨，玉米 2.20 亿吨。

### 3.1.2 生产成本因素分析

农产品生产成本变动与农产品价格波动直接相关。农业投入要素价格下降会引起农产品价格下降，反之，农业投入要素价格上涨会引起农产品价格的上涨。当农业投入品价格变化时，农业投入要素的结构也会发生改变。根据成本推动原理，在农产品产出量保持不变的情况下，当农业投入要素适应性不能吸收因要素价格变化带来的成本波动时，则农业投入品成本的增加，最终就会带来农产品价格的上涨。

农业生产效益是农产品投入产出的具体体现，生产效益体现在生产成本与收益两个方面。随着我国经济结构、人口结构等因素的变化，我国农业生产成本进入上升阶段，农用生产资料成本、农业劳动力成本、农业流通成本呈上涨趋势，成为农产品价格波动的主要因素。2001—2015 年我国三种主要粮食的平均（指稻谷、小麦、玉米平均），以及水稻、小麦、玉米、蔬菜等生产成本年均增长率分别为 8.4%、8.4%、8.2%、8.6% 和 8.7%（表 3-1）。

**表 3-1 我国主要农产品生产成本增长情况**

**Table 3-1 Increasing of Production Cost of Major Agriculutral Product**

元 / 亩

| 年份 | 三种粮食平均（稻谷、小麦、玉米平均） | 稻谷 | 小麦 | 玉米 | 蔬菜 | 散养生猪 |
|---|---|---|---|---|---|---|
| 2001 | 280.52 | 319.18 | 258.93 | 265.89 | 1240.30 | 594.04 |
| 2002 | 319.37 | 359.49 | 294.18 | 303.36 | 1222.30 | 594.88 |
| 2003 | 324.30 | 360.11 | 287.97 | 297.65 | 1257.76 | 642.75 |
| 2004 | 341.38 | 397.68 | 312.12 | 314.26 | 1651.34 | 803.66 |
| 2005 | 363.00 | 426.99 | 337.69 | 324.46 | 1629.88 | 803.78 |
| 2006 | 376.65 | 441.54 | 350.17 | 338.32 | 1794.93 | 782.05 |
| 2007 | 399.42 | 470.28 | 369.73 | 358.52 | 1928.99 | 1058.54 |
| 2008 | 462.80 | 556.06 | 411.88 | 420.29 | 2024.52 | 1315.81 |
| 2009 | 485.79 | 560.59 | 463.12 | 433.66 | 2085.04 | 1180.82 |
| 2010 | 539.39 | 625.20 | 497.18 | 495.64 | 2467.39 | 1250.13 |
| 2011 | 641.41 | 737.30 | 583.01 | 603.94 | 2728.41 | 1576.27 |
| 2012 | 770.23 | 880.13 | 688.09 | 742.98 | 3332.64 | 1777.87 |
| 2013 | 844.83 | 957.83 | 760.86 | 815.08 | 3698.25 | 1852.77 |
| 2014 | 864.63 | 970.47 | 783.80 | 839.48 | 3788.70 | 1718.23 |
| 2015 | 872.28 | 987.28 | 784.62 | 844.94 | 3999.29 | 1835.14 |

注：数据来源《中国统计年鉴》。

不同类型的农产品生产成本对农产品价格的影响是不相同的。从蔬菜生产来看，近年来，农业生产的物化成本持续增加，种子、化肥、农药等农用生产资料价格持续处于较高水平，并呈波动性增长态势，蔬菜生产的土地流转费用和耕地投入成本也在增长，蔬菜物化成本增长是造成蔬菜价格上涨和波动的重要原因。

蔬菜生产是劳动密集型生产，随着人口结构的变化，我国务农劳动力由相对充足逐渐变为相对不足。我国城镇化率也在不断增长，2015 年达到 56.1%，随着城镇化水平的提升，从事二三产业务工收入在农村居民收入中的比重增加，务农劳动力向非农产业转移加快。蔬菜产业的用工成本增加，季节性雇工费用上涨明显，蔬菜人力成本一定程度上抑制了蔬菜生产，降低了蔬菜生产量提升，在农忙季节、节假日时节劳动力价格出现变化，导致了蔬菜价格的波动。

粮食生产是土地等农业投入品应用量较大的产业。近年来，我国粮食生产逐年增长，2015 年全国粮食总产量 6.21 亿吨，其中水稻产量 2.08 亿吨，小麦生产 1.30 亿吨，玉米生产 2.25 亿吨，相应地，水稻播种面积 4.63 亿亩，小麦播种面积 3.62 亿亩，玉米播种面积 5.72 亿亩。在生产水稻、小麦和玉米三种粮食的投入要素中，近年来土地租金及种子、化肥、雇工成本呈现出了明显的上涨趋势。

从数据分析看，我国粮食生产主要投入要素价格年际间有波动，但是土地流转租金、种子价格、雇工工价大多呈现上涨趋势。特别是在农业补偿政策的支持下，农民种粮积极性得到了保护，使得土地流转租金在 2000 年之后的 5 年出现了较大幅度增长。

随着劳动力成本的增加，种粮用工成本也有较快增长。在城乡劳动力市场一体化的大背景下，粮食生产农业雇工工价也在不断上升，2014、2015、2016 年农业雇工成本逐年增长，农忙季节粮食生产雇工基本上与蔬菜生产、畜牧生产雇工成本相当，一些地区甚至出现 150～180 元 / 天仍找不到短工劳动力的情况。粮食价格的增长与粮食用工成本增加有直接关系。

由于农村劳动力结构变化等多种因素，近年来，土地流转总体上呈增加趋势。2010—2015 年我国粮食生产中的土地流转费用涨幅增加，并明显高于化肥、种子价格的涨幅。由于近年来我国取消农业税，种粮补贴增加，再加上农村老龄化程度增加，有效劳动力年龄增长，因此，耕地向种地新手、种植大户转移趋势增长明显。

农业生产成本变化是影响农产品市场价格波动的直接原因。根据有关研究显示，我国的粮食生产性费用每提高 1%，那么粮食价格就会上涨 0.88%，粮食生产中的劳动力成本每提高 1%，则粮食价格就会上涨 0.75%。当农产品生产成本波动后，农产品市场价格因为成本的改变，其价格变化就会从成本端传入产品端，最终影响农产品市场价格波动。如果一定阶段，农业生产成本出现了较快增长，则农产品市场价格就会上涨，反之，农业生产成本出现较快下降，则农产品市场价格就会下降。

鲜活农产品产区集中度变化将会导致农产品价格在区域性和时序性上的价格波动。随着农业结构的调整，农产品的生产更多地向优势产区集中，由于优势产区往往与消费集中区不一致，因此，生产优势产区与消费集中区的分离，在流通过程中一定会存在区域的距离，这就造成了农产品运输成本变化，进而影响农产品价格。鲜活农产品的区域性、阶段性失衡，是导致农产品价格结构性波动的重要原因，由于产地集中与季节性叠加、产地储存能力不高、物流体系不健全，导致生产供应旺季更旺、淡季更淡，放大了鲜活农产品季节性波动的效应。

影响农产品价格波动的主要因素还有农产品的生产管理方式、产业组织形式及技术进步。

一是农业生产管理方式的变化。我国农业生产经营方式仍以小规模、分散化模式为主，小农户生产与大市场的矛盾比较突出，常常会导致农产品市场价格波动。农产品生产方式正在向机械化、半机械化发展，土地流转程度正在加快，当种养业有利时，往往流转速度快，许多种养业大户用较高的价格把土地流转过来，但一旦农产品价格下降，则许多原来流转承包的农户则不再干了，更愿意把流转的土地退回去，这种因为生产组织方式的变化，也会导致农产品供给量的变化，继而影响农产品价格发生变化。

二是产业组织形式的转变。我国农业产业化经营方式已经发生了许多变化，以种养大户为主的农产品生产形式，许多情况下会增强农产品生产人力成本。在加工业方面，我国农产品加工业发展总体上还存在加工水平低、产品档次不高、企业经营难等问题。在销售方面，由于组织形式的不同，行业之间仍然存在着协作不足、无序竞争严重的情况，容易出现原料价格和农产品价格的大幅度变化。

近年来，随着我国农业产业结构调整的深入推进，农产品生产区域格局发生了重要变化，农业区域化水平稳步提高，棉花、食糖、生猪、蔬菜等重要农产品的生产逐步向生产优势产区集中。2016年广西等六个主产省区食糖产量占全国总产量的比重达到92.8%，生猪生产呈现上市时间集中趋势，秋冬反季节蔬菜种植向南方产区集中。值得注意的是，产地过度集中将会降低自然灾害区域分散能力，进而加大了农产品价格波动的风险。主产区一旦遭遇诸如自然灾害一类的突发事件影响，将会造成大幅度减产，农产品供应将受到影响，进而影响农产品价格，如遇游资炒作，农产品价格的波动幅度将会进一步扩大，如近年来大蒜、绿豆等产品都在减产时出现过游资炒作的情况，导致市场价格异常波动。

## 3.2 消费因素

### 3.2.1 消费需求因素

消费因素是农产品价格波动的重要原因。根据微观经济学的消费决定理论，在产品供给充分的条件下，消费则由需求决定，需求越多则消费越多。与此相适应，消费增加或减少则影响到商品的价格。供求定理也表明，假设其他条件不变时，需求增加会引起均衡价格上升。在供给及需求均增加的背景下，商品价格仍然上涨，则表明需求增加的程度要大于供给变化的程度。近年来，蔬菜、水果增产十分明显，在供给增加的背景下，价格也呈现上涨态势，主要是由于需求明显增加导致的，城乡人口结构变化及消费结构的差异化使蔬菜、水果的消费量大幅度增加。

我国蔬菜、水果、水产品、肉类等需求增长变化明显。21世纪以来，我国城镇化进程加快，城乡人口结构迅速变化，城镇化率提高，2000—2015年城镇人口一直保持上涨的态势，城镇人口数量由2000年的4.59亿人逐渐上涨至2015年的7.71亿人，而同期农村人口则由8.08亿人下降至6.03亿人；城乡人口比例则由2000年的1∶1.76转变为2015年的1∶0.78，就是说城镇人口比重由2000年的36.2%迅速上涨至2015年的56.1%。城乡人均食物消费量的差异是人口结构变动引起总需求量变动的根本原因。2000—2012年我国蔬菜农村居民人均消费由106.7公斤/年减少到84.7公斤/年，城镇居民人均消费由114.7公斤/年减少到112.3公斤/年；水果农村居民人均消费由18.3公斤/年增加到22.8公斤/年，城镇居民人均消费由57.5公斤/年减少到56.1公斤/年；水产品农村居民人均消费由3.9公斤/年增加到5.4公斤/年，城镇居民人均消费由 11.7 公斤 / 年增加到 15.2 公斤 / 年；肉类农村居民人均消费由 18.3 公斤 / 年增加到 23.5 公斤 / 年，城镇居民人均消费由 25.4 公斤 / 年增加到 35.7 公斤 / 年。由于城镇人均蔬菜、水果、水产品、肉类产品消费量显著高于农村，城镇人口的迅速增加致使上述产品需求总量呈现明显的上升趋势。2015 年之后，随着城乡居民对营养知识认识水平的提高，居民消费蔬菜的水平又呈现出增加的趋势。

有关研究表明，随着我国居民生活水平的提高，城乡居民消费将由温饱型向小康型消费转变，恩格尔系数继续下降，猪肉、食用油、蔬菜等部分重要农产品需求价格弹性有所下降。以生猪为例，猪肉需求价格弹性保持下降趋势，2001—2005 年为 0.81，2006—2010 年降到 0.05。近年来，我国消费结构不断改变，粮食等生存保障性需求的农产品增长不多，而营养改善型的农产品如水产品、牛羊肉等优质蛋白质食物的需求有所增加。近 10 年的数据表明，农产品价格波动主要是由营养改善型产品价格变化诱发的，进而引起整个农产品市场的价格波动。随着我国城镇化的进一步推进，农村人口仍将继续向城市转移，农民工数量不断增加，进城农民工的农产品消费从自给型向商品型转变。主要农产品需求刚性是比较稳定的，需求价格弹性较低，当供给不能满足需求时，就会加剧主要农产品的市场价格波动。

### 3.2.2 消费结构因素

农产品消费结构升级改变了农产品需求的结构，从而引起农产品价格变化，当这种结构变化过快时，必然引起农产品市场价格的变化。进入 21 世纪以来，中国经济呈持续快速发展态势，城乡居民收入都出现增加，农产品消费结构转变较快，农产品需求处于持续增长态势，这直接影响着农产品市场的价格变化。如前些年由于玉米深加工产业的迅速发展，生产燃料乙醇玉米加工消费突然增加，较高年份时玉米加工用量曾高达 2300 万吨 / 年，占到当年全国玉米总产量的 17%，引起了国内玉米价格的持续性上涨。2006 年 10 月至 2007 年 6 月的 8 个月份中，玉米市场价格就从 1324 元 / 吨上涨到 1617 元 / 吨，涨幅高达 22.1%。2016 年，由于消费变化及政策调整，玉米价格在 7、8、9 月连续下跌，跌幅分别为 15.4%、12.4% 和 12.7%。

农产品消费结构的升级使消费数量发生变化，在某些条件下，引发农产品消费突然增多或减少，进而引起消费与供给的不均衡，从而影响价格。我国城乡居民食物消费结构已经发生了显著变化，居民对肉蛋奶等优质蛋白质来源的农产品需求快速增加。随着农产品消费结构的进一步优化，农产品需求将继续呈增长势头，这种变化将引起农产品价格发生变化。

近十多年来，我国粮食生产出现了重要的变化，在多重因素影响下，粮食生产从2004年开始取得了连续12年增产的成绩，这在历史上是少有的，也是作为粮食这种自然条件下大宗农产品生产的奇迹。粮食的价格也是随着生产成本的增加而逐年增加的，粮食价格的变化在某种条件下可以被认为是因为粮食消费结构的变化而引起的。

玉米作为重要的饲料来源，其饲用需求增长的快慢将对其价格变化产生影响。我国城乡居民消费结构持续升级增加了饲料消耗型产品如肉、蛋、奶、水产品的消费需求，这些增加量也表现在对饲料的增加上，其中对玉米饲用消费的影响最为明显。2015年我国肉、蛋、奶及水产品合计总产量为2.20亿吨，相应饲料消费量高达1.91亿吨，饲料中蛋白类饲料大多由大豆饼粕而来，考虑大豆豆粕作为饲料来源，全国因养殖规模的扩大而引起粮食消费增长量则会更大；玉米深加工需求近年来变化较大，据有关研究显示，2005年玉米深加工消费量为2650万吨，2010年则上升为4900万吨，2015年上升为5200万吨，而2010年与2005年相比，玉米产量只增长了23.38%，年均增长4.35%，2015年比2010年则增长了26.7%，年均增长率为4.90%。2009年以来，我国玉米贸易由净出口国变为净进口国，2013、2014、2015年我国进口玉米量分别为326万、260万、473万吨，国际玉米价格在国内玉米存在产需缺口的背景下进一步传导到国内玉米市场，这是导致我国近年来玉米价格涨幅明显高于水稻和小麦涨幅的重要原因。

消费结构升级后拉动农产品消费的需求。人们在居民收入和消费水平提高后，其消费方式上将会更加追求科学膳食与健康消费。有研究表明，在人均GDP达到3000美元后，农产品消费需求结构优化增强，人们对肉、蛋、奶以及水产品等动物性食物类农产品的消费需求增加，对优质水果、蔬菜的消费需求增加。城乡居民的肉类消费出现上升趋势（表3-2）。2012年我国城镇居民每人每年消费猪肉21.2公斤、牛肉与羊肉3.7公斤、禽肉10.8公斤，与2000年相比分别增长了26.9%、12.1%、100.0%；农村居民家庭每人每年消费猪肉为14.4公斤、牛羊肉1.9公斤、禽肉4.5公斤，比2000年分别增长了8.3%、72.7%、60.7%。消费结构的优化，特别是动物与植物性食物消费种类与数量的变化，将会引起一系列的农产品中诸如饲料转化、消费品替代、价格传导等众多影响农产品价格的因素变化。

表 3-2 我国城乡居民家庭主要食物消费量

Table 3-3 Urban and Rural Household Food Consumption in China

公斤 / ( 人 · 年 )

| 年份 | 粮食 | | 蔬菜 | | 猪肉 | | 牛羊肉 | | 禽类 | |
|---|---|---|---|---|---|---|---|---|---|---|
| | 城镇 | 农村 | 城镇 | 农村 | 城镇 | 农村 | 城镇 | 农村 | 城镇 | 农村 |
| 2000 | 82.3 | 250.2 | 114.7 | 106.7 | 16.7 | 13.3 | 3.3 | 1.1 | 5.4 | 2.8 |
| 2001 | 79.7 | 238.6 | 115.9 | 109.3 | 16.0 | 13.4 | 3.2 | 1.2 | 7.3 | 2.9 |
| 2002 | 78.5 | 236.5 | 116.5 | 110.6 | 20.3 | 13.7 | 3.0 | 1.2 | 9.2 | 2.9 |
| 2003 | 79.5 | 222.4 | 118.3 | 107.4 | 20.4 | 13.8 | 3.3 | 1.3 | 9.2 | 3.2 |
| 2004 | 78.2 | 218.3 | 122.3 | 106.6 | 19.2 | 13.5 | 3.7 | 1.3 | 6.4 | 3.1 |
| 2005 | 77.0 | 208.8 | 118.6 | 102.3 | 20.2 | 15.6 | 3.7 | 1.4 | 9.0 | 3.7 |
| 2006 | 75.9 | 205.6 | 117.6 | 100.5 | 20.0 | 15.5 | 3.8 | 1.6 | 8.3 | 3.5 |
| 2007 | 78.7 | 199.5 | 117.8 | 99.0 | 18.2 | 13.4 | 3.9 | 1.5 | 9.7 | 3.9 |
| 2008 | 63.6 | 199.1 | 123.2 | 99.7 | 19.3 | 12.7 | 3.4 | 1.3 | 8.5 | 4.4 |
| 2009 | 81.3 | 189.3 | 120.5 | 98.4 | 20.5 | 14.0 | 3.7 | 1.4 | 10.5 | 4.3 |
| 2010 | 81.5 | 181.4 | 116.1 | 93.3 | 20.7 | 14.4 | 3.8 | 1.4 | 10.2 | 4.2 |
| 2011 | 80.7 | 170.7 | 114.6 | 89.4 | 20.6 | 14.4 | 4.0 | 1.9 | 10.6 | 4.5 |
| 2012 | 78.8 | 164.3 | 112.3 | 84.7 | 21.2 | 14.4 | 3.7 | 1.9 | 10.8 | 4.5 |

注：数据来源《中国统计年鉴》，城镇居民粮食消费为成品粮。

## 3.3 政策因素

农业政策是影响农产品价格变化的重要因素。近年来，我国采取了一系列重农惠农政策，对农产品价格变化产生了重要影响。

国家对农业十分重视，以一号文件方式关注“三农”问题，支持农业发展。从 2003 年开始中央连续发布一号文件，以每年一个中央文件的方式，聚焦农业发展和农业政策方向，2003—2017 年已连续发布了 14 个中央一号文件关注农业问题。

在一系列的政策因素中，价格支持政策往往对市场影响较大。国家粮食最低保护价、托市收购等政策均在市场价格变化中起着重要作用，价格支持政策、临时收储政策、农业补贴政策、贸易调控政策、市场流通政策，都对我国小规模化农业生产和农业大市场价格产生了影响。在这些政策因素的影响下，小麦、稻谷、玉米生产呈现连年增长，价格稳定提高。我国农业政策对生产与消费的影响明显，2010—2015 年我国农业生产稳定发展，市场供需基本平衡，主要农产品粮食及肉类、蔬菜、水果、水产品产量年均增幅分别达到 2.6%、1.7%、3.9%、5.4% 和 4.5%。其间多数农产品价格表现为上升趋势，小麦、玉米、大豆批发市场价格年均增幅分别为 3.4%、0.2% 和 2.5%，猪肉、牛奶、蔬菜价格年均增幅分别达到 5.7%、3.6% 和 3.0%。分析政策出台的时间、背景可以看出，多次政策内容都对市场价格产生影响。

在市场流通政策方面，通过建立市场流动绿色通道和农产品市场体系建设等措施，来促进农产品稳定。我国从 2008 年开始实际执行了所有高速收费公路对合法装载鲜活农产品的车辆免收通行费。一些政策进一步规范和降低了集贸市场的摊位费和超市进场费。相关部门还支持建设了一批辐射能力较大的大中型农产品批发市场，对其基础设施建设进行规范，加强监管，加强了市场信息体系监测能力建设，推动农产品批发市场升级改造。

农产品市场体制及其政策对农产品市场价格的波动影响也是明显的。改革开放以来，我国不断进行市场经济体制改革阶段，由于许多政策没有先例，大多在实践中进行试行、改善、推进，因此一些经济体制政策必然存在一定的缺陷和不足，如市场的宏观调控力度欠缺、法律法规不完善等，这就都会在某一时期对市场产生影响。在新旧体制和政策制度转换的过程中，由于体制内部摩擦和政策制度切换也会引来农产品价格的强烈变化。

十一届三中全会以后，在实行农村联产承包制之初，农民的生产积极性增加，农产品生产量提升，特别是 1984—1985 年粮食产量增长明显，供给量增长，但市场流通体制改革相对落后于生产经营体制的建立，购销体制尚未放开时就会造成农产品价格的波动，当产量高于市场需求量时，就会出现产品卖不出去的情况，引来农产品生产和销售的矛盾，最终造成农产品价格波动。

在国家农产品价格调控政策出台过程中，为了稳定农产品的市场价格，政府往往需要深入分析制定调控政策。而政府调控政策在许多情况下并不能即时在市场上发挥作用，不少时候会出现调控时间和调控力度滞后现象。例如，当猪肉市场价格环比上涨超过 25% 时，市场价格信号明显，生产者认为从事养猪业有利润可赚，市场的信号已经明确传递给了生产者，生产者就会增加猪肉生产。按照市场配置资源的原理，预计未来一个生猪养殖周期后，市场猪肉供给量会明显增加，猪肉价格会下降。但是，在过去的实践中，由于政府政策的制定需要调研、分析、制定、协调、发布多个环节，按照市场需要制定的促进市场生猪生产的政策在时序上就有可能严重滞后，一方面市场给予的增加生猪生产有利的信号明显，另一方面政府大力促进生猪生产的政策出台，市场配置资源和政府支持政策相叠加，共同迅速地把生猪生产量大幅度提升，结果在下一个生产周期来临时就会出现生猪市场严重的供大于需的现象，因为政策原因引起市场价格大的波动。

过度的或不当的政府干预有时会加剧市场价格的波动。一些鲜活农产品由于生产后保鲜、储存、运输方面与其他农产品不同，这类农产品价格对供给量的敏感性较高，过去的实践表明，与其政府调控政策密切相关。如果蔬产品生产及市场调控中，政府调控政策有时不能达到预期的效果，这是因为政府调控政策往往只满足于解决某一个方面问题，而未能涉及主要因素的多个方面。

## 3.4 外生因素

影响农产品价格的偶发性因素是指剔除长期供求关系外，具有突然发生、难以预期、不易调控等特点的因素，主要包括气象因素、安全事件因素、舆情因素等。农业产业链从生产资料一直延伸至终端消费，产业链条相对较长，涉及的中间环节较为复杂，不仅受到高温、冻害、台风、洪水等自然灾害的影响，还会受到一些公共卫生突发事件的冲击。一旦发生重大灾害性、突发性事件，农产品价格短期内将出现剧烈波动，市场预期也将发生改变，农产品市场价格波动因素增多，相关主管部门的宏观调控难度加大。

偶发性因素引起的价格波动具有突发性和不确定性特征，事前难以充分预测，也难以预测到这些事件对价格波动的品种影响、时间影响、地点影响以及影响程度等，偶发因素往往在短时间内造成农产品价格的巨大波动，如不能及时采取有效应对措施，往往会迅速扩大，甚至对整个产业造成影响，进而对经济发展和人民生活造成较大的危害。

### 3.4.1 气象因素影响

气象因素对农产品生产产生直接影响。我国农产品丰富，生产地域广泛，受自然影响大。农业生产很大程度上依然是“靠天吃饭”。农业极易受到气候变化的不利影响气候变化越剧烈，负面影响就越大。近些年来，极端天气发生情况增多，农业生产中出现的自然灾害和病虫害呈多发、频发态势。气候异常变化影响农业生产的自然规律，使农作物生产和养殖业难以按照正常规律去组织生产与经营管理，也导致了农产品生产中的品种结构和生产区域结构发生改变，直接影响到农产品的稳定供给，带来农产品价格波动变化。一些自然灾害不仅影响生产，还直接影响交通运输，使市场供给骤然减少，引起价格飙升。

气象因素中，气温和降水的变化直接影响农产品产量，进而打破供求关系，导致农产品价格波动。研究表明，农业产量与温度和降水之间存在关联关系，在降雨或温度适宜范围内，这些气候因素对农业产量的影响是正相关的，超过合理范围，降雨、温度等要素的变化会对作物生产带来负面影响。一般来说，我国北方干旱半干旱地区的降雨有利于作物产量的增长；高海拔地区、无霜期短的地区、北方冷凉地区，其温度升高有利于农作物生长进而增加产量。但即使是气候条件与产量具有正相关关系的地区，当某些条件过度增加或减少时，同样影响农作物生产。

我国几十年的农业生产中经常遇见高温、低温、干旱、暴雨、台风、龙卷风、暴雪等诸多极端灾害气候，导致作物播种受到影响，造成区域性和季节性相对产品短缺，从而在很大程度上引发价格波动。全国范围内，每年都有几种或多种重大自然气象因素的影响，总有不少地区遇到十年、百年不遇的极端天气，这些自然影响因素对农产品价格的波动起到直接作用。因此，在我国华北、东北、华东、华中、华南、西南、西北 7 大农业区域内，总有各种各样的农产品价格波动情况出现，自然因素通过市场的渠道，变成价格波动的推手。

气象因素的超常变化还会对疫病防控不利，从而从外部冲击农产品价格。对畜产品价格的影响主要通过两种途径，一是突发性自然灾害影响畜牧业生产，进而影响人们对畜产品价格变化的预期。比如雪灾、风灾、旱灾等影响农牧生产进而减少供给能力引起价格波动。二是突发性自然灾害影响人们的消费环境，自然灾害发生地区，人们的出行、交通状况条件不佳影响消费需求，引起价格变化。在重大自然灾害突然发生的情况下，也往往是信息不对称加重的时期，信息干扰因素对农产品价格的影响变得明显，搭车涨价、变相涨价等也对价格上涨起到推波助澜的作用。

### 3.4.2 安全事件因素影响

近年来，疫病、金融危机等外部冲击对农产品价格的影响越来越大。进入 21 世纪后，几乎每隔几年就有一类较为严重的食物安全事件，这些事件均对农产品价格产生了重要影响。例如，2008 年 5 月份的汶川地震，9 月份的“三鹿奶粉”事件，2004、2005 年的禽流感等对我国农产品价格都产生了重大影响。外部冲击导致农产品价格波动更加剧烈，成为引起价格波动的主要诱因，进而对农产品生产、消费产生重要影响。这些安全事件也对消费者的购买需求产生直接冲击，造成负面影响。农产品田头价格、批发价格、零售价格迅速波动并传递到生产各个环节，对农产品生产稳定发展带来严重影响。

过度使用化肥、农药、添加剂，将会影响农产品质量，进而影响人们的消费欲望，成为影响农产品价格的重要影响因素。2013 年，我国 H7N9 流感爆发，连带引发了多种农产品的价格波动，一方面直接影响了玉米等饲料消费需求的下降，另一方面也导致了禽肉及禽蛋消费的下降，价格出现连续下行。2014 年，我国禽肉产量为 1751 万吨，与 2012 年相比下降了 3.9%，2015 年恢复至 1826 万吨。这种产量变化与包括食物安全影响在内的多项因素有关。食品安全事件屡禁不止，前些年山东“毒生姜”事件、石家庄注水牛肉事件等，不仅对消费者带来安全隐患，也造成产地市场价格大幅波动。

突发性质量安全事件往往会引发农产品价格急剧变化。农产品特别是鲜活农产品质量安全日益成为社会关注的热点问题。农产品质量安全具有“溃堤效用”特点，由于食品安全事件的发生事前不可预测、事件发生时来势迅猛，所以会在极短的时间内重创农产品市场价格，使整个行业遭受损失，有时甚至需要很长一段时间才能恢复到危机前的水平。如 2008 年爆发的三聚氰胺事件，引发全世界对中国奶制品的抵制，国内消费者信心指数降到历史最低点，许多消费者宁可食用高昂的进口奶粉，也不愿意购买国产奶粉。

## 3.5 国际因素

随着中国市场的开放，我国农产品价格与世界市场价格的关联性愈发增强。农产品价格的走势，不仅由该产品的国内供求形势决定，还与其他国家同类产品的市场价格相关，主要农产品特别是国际贸易量大的农产品，其价格波动还受国际因素影响。

我国加入 WTO 以来，农业对外开放程度扩大，与外联系逐步加深，农产品进出口贸易规模扩大，国内外的农产品市场联动性加强，市场价格传导更加迅速。国际市场通过进出口贸易、期货市场等信号影响、价格传导直接对国内农产品市场产生影响，而且影响的程度在进一步加深。这些年来，我国大豆、棉花及天然橡胶等重要农产品市场价格剧烈波动，与国际上的价格相关性显著增强，价格传导效应明显。随着全球经济一体化的发展，农产品国际贸易也快速增长，国内外农产品价格关联性增强，对外贸易依存度大的农产品，其价格走势受到了国际供求情况的影响。当国际市场的农产品价格发生变动时，则直接通过国际贸易影响国内农产品价格，推高或拉低农产品价格。

国际农产品价格上涨直接推动了国内农产品的涨价。如在 2013 年之前，国际上的大豆、玉米和食用油等农产品连续涨价，我国大量进口了大豆和食用油，直接引起了我国同类产品和相关副产品的涨价。国际农产品的涨价，就抬高了国内农产品生产者、消费者和生产者的涨价预期。但 2013 年之后我国多个农产品价格逐步增长，由于成本增加，使劳动力成本成为影响我国水稻、玉米、蔬菜、水果等价格的重要因素，与此同时，国际市场价格低迷，农产品价格不但没有上涨，而且还有不同幅度的降低。目前，在世界农产品价格过低的条件下如何能快速调整，稳定国内市场价格，是我国农产品竞争力的有力体现。

国际上的农产品市场价格主要是通过进口农产品传导到国内市场的。有关研究表明，国际农产品价格影响国内农产品价格的传导路径一般为：从国际市场价格，到进口价格，再到国内市场价格。近十多年来，我国农产品生产量增长较快，同时消费量也在增长，具有生产与消费的大国效应。2006 年 10 月至 2016 年 10 月的全球食品价格指数显示，国内农产品批发价格指数与国际价格指数具有较大的相关性。国际农产品市场价格向国内传导迅速。总体上看，随着国际化程度的增加，国内外市场的关联性越来越大。前几年，我国粮食由于实行了最低收购价及临时收储等政策，受到国际市场影响相对小一些，但对于大豆、棉花等市场开放度高、外贸依存度大的农产品，其价格受国际市场影响大。分析表明，我国大豆、油料、棉花、食糖等国内价格与国际价格存在明显的关联影响，国际农产品价格变化对国内价格波动影响明显。

# 第4章 农产品价格波动分析模型的建立与应用

Chapter 4

在农产品市场中，农产品的供给与需求达到均衡状态时所形成的价格就是均衡价格，均衡价格反映了供给与需求的关系。在分析农产品的供给、需求双方所涉及的生产、消费、库存、进出口时，其农产品的价格波动扮演着重要角色。从20世纪90年代我国开始实行社会主义市场经济体制以来，农产品特别是鲜活农产品价格波动开始明显出现，市场波动比较频繁，不同品种在不同年度间变动较大，这种变化对生产者及消费者都带来了较大的影响。为了分析农产品价格对生产、消费的程度影响，需要对市场的波动进行有效的测定和评价，其波动率则是衡量这种影响的重要指标。农产品的价格波动程度及其波动率分析有多种方法：第一种方法是用历史波动率方法（Historical Volatility，HISVOL），就是利用农产品价格变化的历史波动率来进行系统分析并预测未来的农产品价格市场波动率；第二种方法是用隐含波动率标准差方法（Implied Standard Deviation，ISD），以此来分析农产品价格波动的程度；第三种方法是通过广义自回归条件异方差模型（GARCH）进行估计，这种方法目前在一些市场化程度反映明显的产品波动中有较多应用；第四种方法是通过随机波动率（SV）模型进行估计，得出产品波动率。评价农产品价格波动率分析模型，一方面要看模型是否能较好地分析历史数据的特征，另一方面要看模型能否预测未来的波动率。

## 4.1 价格分析模型功能

农产品价格的变化与多种因素相关，这些因素包括供给、消费以及引起供给与消费变化的相关各类因素，我们把价格表示为 $P$，供给与需求因素分别表示为 $S$ 和 $D$，供给 $S$ 的变化受多种因素影响，需求 $D$ 也受各关联因素影响，则价格理论模型表达为：

$$P = f(S, D)$$

$$S = f(s_1, s_2, \cdots, s_n) \qquad D = f(d_1, d_2, \cdots, d_n)$$

农产品价格波动反映的是农产品在一定阶段或市场条件下的变化状况。分析时针对不同品种类型、数量规模、市场类型反映的价格变化进行才具有应用意义。农产品价格变化分析模型应具有多种分析与评价功能。

1. 描述的功能

就是能对农产品价格变化现象进行客观的描述，对农产品价格变化相关因素的范围、属性、内涵、表达等进行数学语言的表示。模型形式能够用来描述价格变化的类型、状况。

2. 分析的功能

分析模型应能对农产品价格变化的状况、原因及其影响做出解释，还能够预测农产品价格变化的趋势、前景。在分析历史与未来价格走势的基础上，探讨农产品价格变化背后的深层原因与规律，不但对价格变化频度、变化速率等进行测算，而且依据不同情景分析对未来农产品价格做出预测。

3. 评价的功能

应用模型对产品价格变化进行典型分析，用一种或多种量值方式对价格变化进行度量和测定，从而可对不同地区、不同时间、不同范围的农产品价格进行比较与分析，定量评价价格变化。

4. 监测的功能

价格变化模型中分析指标的选取，往往都与数据的实时更新与实时监测相关。对农产品价格进行监测，通过模型分析显示价格变化水平。通过确定指标数值的变化来监测农产品价格的数值变化，以利于进一步采取措施、调整政策，来帮助解决政策措施的偏差等相关问题。

5. 分析预测的功能

预测农产品价格是农产品价格变化分析模型的重要功能，农产品价格常常显现出季节性与周期性特征，需要模型对其模拟季节变化与周期变化情景，并进行预测分析，以达到分析精准的目标。

## 4.2 模型变量选择

农产品价格波动分析的目的，一方面是为了揭示农产品市场稳定性状况，另一方面也是为了通过分析发现引起农产品价格波动的相关影响因素及其影响程度。为此，不仅需要对基于时间变量上的价格值进行影响判定，还要分析相关因素影响价格的状态，并将引起价格变化的相关因素设定为模型理论变量。

### 4.2.1　供给量类因素变量

**（1）农产品供给量。**一个时期内农产品供给量直接影响其价格，供给充足，则价格稳定，供给不足，则价格上涨。农产品供给量主要有三类来源：第一类来源是农产品的生产，表现出来的是生产量。农产品种类繁多，具体包括粮食产量、油料产量、糖料产量、蔬菜产量、水果产量、肉类产量、水产品产量和奶制品产量等；第二类来源是农产品的进口量，产品类型与上面相同；第三类来源是农产品的库存，库存量大小将直接影响农产品的供给能力。农产品的供给量因素还包括农产品人均占有量，即某一区域人均农产品的数量水平。对于粮食、棉花、油料、蔬菜等农作物，农产品产量是由单产和收获面积共同决定的，单产和面积的变化直接关系到供给量是否稳定。模型分析中可选取一种或多种产品进行分析（表 4-1）。

**表 4-1　农产品供给量因素**

**Table 4-1　Agricultural Product Supply Factors**

| 变量类别 | 变量指标（$S_i$） | 特征类型 |
|---|---|---|
| 农产品生产量 | 总产量、单产、面积 | 数值型数据：粮食总产、单产、面积，油料总产、单产、面积，棉花总产、单产、面积，糖料总产、单产、面积，蔬菜单产、面积，水果总产、单产、面积，养殖出栏、水产品养殖面积、单产 |
| 气象及自然资源因素 | 自然资源 | 耕地面积、降水量、温度、日照 |
| | 环境条件 | 灌溉面积、灌溉率 |
| | 受灾成灾 | 水灾面积、旱灾面积、涝灾面积、病虫害面积、受灾面积 |
| 投入品 | 物化投入、劳动力投入、资金投入 | 种子使用量、化肥施用量、劳动用工和农业机械、科技投入、资金投入 |

**（2）气象与自然因素变量。**农产品生产与气象条件及自然资源条件（如土地等）息息相关。气象条件不仅决定农产品的地理性分布，也对农作物、畜禽产量的形成、疾病防治等产生重要影响，进而影响农产品市场价格。模型设定中常选用气象和自然资源因素如温度、降水、湿度，以及播种面积、受灾面积、可灌溉耕地面积等重要影响因素，气象波动与环境条件的变化对农产品价格的波动影响显著。

**（3）投入品变量。**投入品价格的高低与农业生产利润直接相关，投入品用量的多少与农产品供给也密不可分，进而对农产品价格造成影响。农作物生产中的种子使用量、化肥施用量、劳动用工量、农业机械数量等都是重要的投入品，影响农产品生产量的变化。

### 4.2.2 需求量类因素变量

农产品需求类的因素很多，国内外学者都曾经对影响农产品消费的因素做过多种研究，并得出了许多重要结论。农产品消费与其他许多商品消费相关联，受到多个经济条件类因素的影响，一些宏观指标对农产品消费有重要影响，进而影响农产品市场价格，影响农产品价格市场波动。

**（1）城乡居民人均可支配收入。**随着国民经济的增长和居民收入的增加，城乡居民消费支出水平明显提升，是农产品消费量上升的重要经济基础。从区域性发展来看，我国东部沿海地区经济发展较快，中部和西部地区较低，城乡差别虽有缩小，但城市与乡村居民的可支配收入仍有较大差距。

**（2）国内生产总值。**国内生产总值是表明各地区经济水平的综合指标，国内生产总值即GDP，是对常住机构和单位或产业部门，在一定时间内生产的可供最终使用的产品以及劳务的价值总计。发展经济学将GDP作为衡量经济发展状况的指标，是重要的宏观经济指标之一。国内生产总值的变化在反映一个国家或地区的经济变化中发挥着重要作用，一直以来作为衡量地区经济水平被广泛应用，效果总体上也比较好。

**（3）人均收入。**是指个人收入的情况，一般可用农民人均纯收入和城镇居民可支配收入数据来分析。农民的人均纯收入，是指农村居民家庭在总收入中扣除从事生产及非生产的费用支出的剩余部分。城镇居民的可支配收入，是指城镇居民或家庭收入中，能用于家庭日常生活部分的实际收入。城乡居民都可以直接用此部分收入作为农产品消费支出。可支配收入的多少直接影响到居民农产品消费支出水平，当居民收入减少时，用于购买农产品的支出会减少。

**（4）居民消费水平。**居民消费水平是指农村和城镇居民占有或享受的物质生活资料及其服务的量，是经济活动中的最终体现，它能够反映居民的包括各种农产品在内的产品消费情况。各地区的消费水平不同，直接影响整体农产品的消费能力，进而对农产品市场价格带来影响。

**（5）恩格尔系数。**恩格尔系数是居民的食物支出在消费总支出中占有的比重，在总消费支出金额不变时，系数越小，则表明人们用于食物购买支出的金额越小。恩格尔系数能够较好反映出食物消费水平状况和一个国家的富裕程度。系数越高，反映出消费者收入水平越低、经济越不发达。而系数越低，则反映出消费者收入水平越高、经济越富裕。FAO 依据恩格尔系数对人群的贫困与富裕程度进行了划分，将恩格尔系数超过 60% 定义为绝对贫困，50%～59% 为温饱生活，40%～49% 为小康生活，30%～39% 为富裕生活，低于 29% 为极富裕生活。

**（6）餐饮业的增长**。随着城镇化进程的加快和居民收入水平的提高，人们逐渐从家庭消费向户外及便餐方式转变，在外就餐成为居民饮食消费的重要方式。餐饮业的发展推动了农产品的消费，餐饮业的变化将带来农产品价格的变化特别是高档农产品价格的变化，可用餐饮业商品零售总额与 GDP 的比重来表示。

**（7）城镇化率**。城镇化率是城镇人口数占总人口数的比重。随着城镇化的不断推进，农村人口向城镇转移明显加快，成为影响农产品消费需求变化的重要因素。一般来讲，与农村居民相比，城镇居民更注重生活质量，城镇居民消费农产品特别是鲜活农产品相对于农村市场有更好的消费环境条件。城镇化发展引起城乡居民食物消费结构与消费水平的变化，如肉、蛋、奶消费会增多、在外就餐情况增多，将对农产品价格变化产生一定影响（表 4-2）。

农产品消费还有许多因素，如人口数量、消费习惯、地区特征等相关，这些因素都对农产品消费有影响，本章不再全面描述。

**表 4-2 农产品需求量因素**

**Table 4-2 Agricultural Product Demand Factors**

| 变量类别 | 变量指标（$D_i$） | 特征类型 |
|---|---|---|
| 农产品消费量 | 直接消费量、间接消费量、加工消费量、饲用消费量、再生产消费量、浪费、损耗量 | 粮食类消费量、棉花类消费量、油料类消费量、糖料消费量、蔬菜消费量、水果消费量、肉类消费量、奶类消费量、水产品消费量 |
| 农产品贸易量 | 进口量、出口量、净进口量、净出口量 | 粮食出口量、进口量，油料出口量、进口量，棉花出口量、进口量，蔬菜出口量、进口量，水果出口量、进口量，肉类出口量、进口量，奶类出口量、进口量，水产品出口量、进口量 |

## 4.2.3 偶发类因素变量

偶发因素对农产品价格影响极大。研究表明，在许多情况下，农产品价格短期内大幅度变化都是由于偶发性因素造成的。这些因素对农产品价格产生影响，不同的品种其影响程度是不相同的。偶发因素通常有以下几类：

**（1）突发性自然灾害**。经常会发生或必定会发生，但人们无法在一定时间范围内准确判断何时何地发生的自然灾害类型是较多的，如地震、台风、飓风、龙卷风、冰雹、干热风、暴雨、大雷雨、极端高温、极端低温等。这些自然现象是不易被人们早期准确预测到的。

**（2）水灾、旱灾**。我国地域广泛，水灾、旱灾在全国不同地区每年都有发生，只是范围和程度有差别。有研究得出这样的结论，我国过去2100年的时间内，我国发生过1600多次大的水灾和1300多次大的旱灾，这种概率迄今仍然没有较大的改变。水灾、旱灾的发生地区与时间是难以提前准确预测到的，这就对农产品，如粮食、棉花、蔬菜、水果的产量产生重大影响，进而影响到价格的变化。2016年6月，我国南方地区频繁出现强降水天气过程，降雨量较常年同期偏多1～4倍，7月长江中下游地区仍多暴雨，大范围、高强度、持续性强降雨天气导致农田渍涝灾害偏重发生，农产品价格波动较大，批发市场价格显示蔬菜价格为5.65元/公斤，是近年来所少有的。

**（3）暴雨暴雪**。这类灾害对农产品价格的短期影响很大，有时损坏农业生产设施、损毁农田农作物、堵塞交通运输，甚至破坏基础设施，进而引起农产品短期的价格变化。2008年，我国发生大面积冰雪灾害，致使南方多个省份出现严重的灾害，农产品价格在短短几周内出现20%～30%的增长，成为我国近年最严重的冰雪灾害天气，影响全国大部分地区蔬菜、肉类价格的变化。

**（4）交通运输状况**。交通运输设施如铁路、高速公路是重要的基础设施，可以用铁路、公路长度等数据及道路交通畅通状况表示。这一因素也是造成短距离产销地农产品价格波动的因素。在当前全国城镇交通拥堵时，交通运输是农产品价格日度波动中重要的影响因素之一。近年我国不少地区经常会出现雾霾、风沙天气，并出现短时段关闭高速公路的情况，致使正常的高速运输受到妨碍，造成农产品价格发生变化。

## 4.3 农产品价格波动率分析

农产品价格稳定的前提是在一定的条件下市场供需状况达到基本平

衡。农产品市场过程受到多种复杂因素的共同影响，价格总是在不停地变化，以达到新的供求关系条件下的平衡。农产品价格数量变化的计算方法有多种，可用以下方法针对农产品价格变化情况和分析目标的不同而进行分析。

### 4.3.1 价格稳定性评价统计方法

目前计算农产品价格变化率有多种方法，如速度法、变异系数、斯韦德伯格变差指数、卡斯利不稳定指数、库普帕克不稳定指数和回望型波动率法等。计算时根据分析目标进行研究选择。

1. 速度法

农产品价格可用环比增长率来测算波动强度，用此方法具有直观性与可比性。但其计算结果容易受到相邻阶段的价格波动影响。速度法的计算公式为：

$$GR_t = \frac{Y_t - Y_{t-1}}{Y_{t-1}} \times 100\%$$

式中，$GR_t$ 为变化率；$Y_t$ 为 $t$ 的实际价格；$Y_{t-1}$ 为 $t-1$ 的实际价格。

2. 标准差

标准差是用来度量一组数据平均值的分散程度的算法，标准差的数值越大，则表示了这些数值和其平均值之间的离散程度会越大；反之，标准差越小，则表示这些数值比较接近于平均值，离散程度表现出越小。标准差的计算公式为：

$$\sigma = \sqrt{\frac{1}{N}\sum_{i=1}^{N}(x_i - \mu)^2}$$

式中，$\sigma$ 为标准差；$\mu$ 为平均值；$x$ 为产量；$N$ 为样本数。

3. 变异系数（$CV$）

变异系数能够反映单位均值上的离散程度，它是标准差与平均数的比值。变异系数是用来比较两个及两个以上总体均值不等的离散程度的指标。若两个总体均值相等时，则比较标准差系数与比较标准差是一致的。变异系数计算公式为：

$$CV = \sigma / \mu$$

式中，$\sigma$ 为标准差；$\mu$ 为平均值。

4. 卡斯利不稳定指数

它是 20 世纪 70 年代由经济学家卡斯利（Casley）提出的，其用对数方差法来计算价格的稳定性，计算公式为：

$$c_i = \log(var) = \frac{1}{N-2}\sum\left[\log x_{t+1} - \log x_t - \frac{1}{N-1}\sum(\log x_{t+1} - \log x_t)\right]^2$$

式中，*var* 为方差；*x* 为价格；*N* 为月度数；*t* 为时间。

5. 斯韦德伯格变差指数

由经济学家斯韦德伯格（Svedberg）根据实际价格的数据（$Y_t$）推导出了时间趋势价格（$\hat{Y}_t$），即正常条件下的市场价格，然后计算实际价格与正常条件下市场价格之间的波动变化。斯韦德伯格变差指数简化公式计算公式如下：

$$VI = \frac{Y_t - \hat{Y}_t}{Y_t} \times 100\%$$

6. 回望型波动率

回望型波动率是利用历史数据计算波动率，定义观测次数为 *n*，$Y_t$ 为第 *t* 个时间区间结束时变量的价格，$\tau$ 为时间区间的长度，单位为月，则收益率 $U_t$ 的计算公式为：

$$U_t = \ln\left(\frac{Y_t}{Y_{t-1}}\right), \quad i = 1, 2, \cdots, n$$

$U_t$ 的标准差 *s* 估计为：$s = \sqrt{\frac{1}{n-1}\sum(U_t - \bar{u})}$，或者为：

$s = \sqrt{\frac{1}{n-1}\sum U_t^2 - \frac{1}{n(n-1)}(\sum_{t=1}^{n-1} U_t)^2}$，其中 $\bar{u}$ 为均值。

价格波动率估计为：$\delta = \frac{s}{\sqrt{\tau}}$。

### 4.3.2 农产品价格波动率相关性分析

相关系数（Correlation Coefficient）是著名统计学家卡尔·皮尔逊（Karl Pearson）提出的，是反映各变量之间相关程度的重要统计性指标。其相关系数按积差方法来计算，以两个变量与各自平均值的离差为基础，再通过两个离差的乘积来反映两个变量之间相关程度。根据相关现象之间不同的特征，其统计指标的定义也有所不同：反映变量间线性相关关系的指标被称为相关系数或线性相关系数（相关系数的平方为判定系数）；反映变量间曲线相关关系的指标被称为非线性相关系数、非线性判定系数；反映因变量与多个自变量间的多元线性相关关系的统计指标被称为复相关系数或多重相关系数等；通过对各组变量进行主成分分析，可以得到新的线性关系之综合性指标，再利用综合性指标之间的线性相关系数来进行原各组变量间相关关系的研究，这被称为典型相关系数。

相关系数的计算公式如下：

$$L_{xx}=\sum(x-\overline{x})^2=\sum x^2-\frac{\left(\sum x\right)^2}{n}$$

$$L_{yy}=\sum(y-\overline{y})^2=\sum y^2-\frac{\left(\sum y\right)^2}{n}$$

$$L_{xy}=\sum(x-\overline{x})(y-\overline{y})=\sum xy-\frac{\sum x\sum y}{n}$$

$$r=\frac{L_{xy}}{L_{xx}L_{yy}}$$

本研究采用以下划分标准：$|r|<0.3$ 为微相关；$0.3\leqslant|r|<0.5$ 为低度相关，$0.5\leqslant|r|\leqslant0.8$ 为显著相关；$0.8\leqslant|r|\leqslant1$ 为高度相关。

通过对上述相关性的分析，选取相关系数相对较高的变量作为回归变量，依据 4.2 节模型变量选择方法，将回归变量分为供给类、需求类、偶发类因素分别建立回归模型，公式如下：

$$\hat{y}=\beta+\sum_{i=0}^{n}\alpha_i\cdot\hat{x}_i$$

#### 4.3.2.1 蔬菜波动率相关性分析

根据 4.2 节的分析，可知供给量类、需求量类因素、偶发类因素变量都会对农产品价格产生一定影响。通过对变量进行筛选，本研究选取 2000—2015 年蔬菜的产量、城乡居民收入水平、CPI、居民消费支出、生产成本、人工成本、土地成本、化肥用量、农膜用量作为蔬菜价格波动的变量指标。其中，蔬菜产量数据来自国家统计局，其他变量指标来自《全国农产品成本收益资料汇编》中的大中城市蔬菜平均成本收益情况（表 4-3）。

表 4-3 蔬菜变量指标原始数值

Table 4-3 Original Vegetable Variable Index

| 年份 | 产量（万吨） | 城乡居民收入水平（元） | CPI（上年=100） | 居民消费支出（元） | 生产成本（元） | 人工成本（元） | 土地成本（元） | 化肥用量（公斤） | 农膜用量（公斤） |
|---|---|---|---|---|---|---|---|---|---|
| 2000 | 44468 | 3712 | 100 | 2875 | 1229 | 480 | 46 | 39 | 13 |
| 2001 | 48422 | 4059 | 101 | 3085 | 1240 | 473 | 48 | 38 | 12 |
| 2002 | 52861 | 4519 | 99 | 3474 | 1222 | 487 | 62 | 39 | 11 |
| 2003 | 54032 | 4993 | 101 | 3795 | 1258 | 495 | 53 | 44 | 11 |
| 2004 | 55065 | 5645 | 104 | 4272 | 1651 | 731 | 112 | 39 | 19 |
| 2005 | 56451 | 6367 | 102 | 4871 | 1630 | 752 | 114 | 36 | 12 |
| 2006 | 53953 | 7211 | 102 | 5431 | 1795 | 796 | 179 | 42 | 12 |
| 2007 | 56452 | 8567 | 105 | 6332 | 1929 | 853 | 174 | 43 | 12 |
| 2008 | 59240 | 9939 | 106 | 7224 | 2025 | 903 | 192 | 38 | 11 |
| 2009 | 61824 | 10965 | 99 | 7992 | 2085 | 1007 | 225 | 43 | 7 |
| 2010 | 65099 | 12508 | 103 | 8922 | 2467 | 1334 | 231 | 47 | 8 |
| 2011 | 67930 | 14582 | 105 | 10317 | 2728 | 1497 | 251 | 41 | 8 |
| 2012 | 70883 | 16669 | 103 | 11568 | 3333 | 1967 | 312 | 40 | 11 |
| 2013 | 73512 | 18311 | 103 | 13220 | 3698 | 2277 | 353 | 43 | 10 |
| 2014 | 76005 | 20167 | 102 | 14491 | 3789 | 2385 | 345 | 40 | 10 |
| 2015 | 78526 | 21966 | 101 | 15712 | 3999 | 2597 | 346 | 41 | 10 |

数据来源：《国家统计年鉴》《全国农产品成本收益资料汇编》。

由于解释变量与变量指标的数据维度不同，蔬菜价格为月度数据，变量指标的数据为年度数据，因此采用 4.3.1 中介绍的回望型波动率法计算蔬菜价格的波动率（图 4-1），采用斯韦德伯格变差指数法对产量、城乡居民收入水平、CPI、居民消费支出、生产成本、人工成本、土地成本、化肥用量、农膜用量等变量指标进行波动率测算，根据 2000—2015 年各变量指标的实际数值（$Y_t$）推导出时间趋势数值（$\hat{Y}_t$）（图 4-2），实际数值与时间趋势数值之间的波动变化即为该变量指标的斯韦德伯格变差指数。蔬菜价格波动率及各变量指标波动率的具体测算结果详见表 4-4。

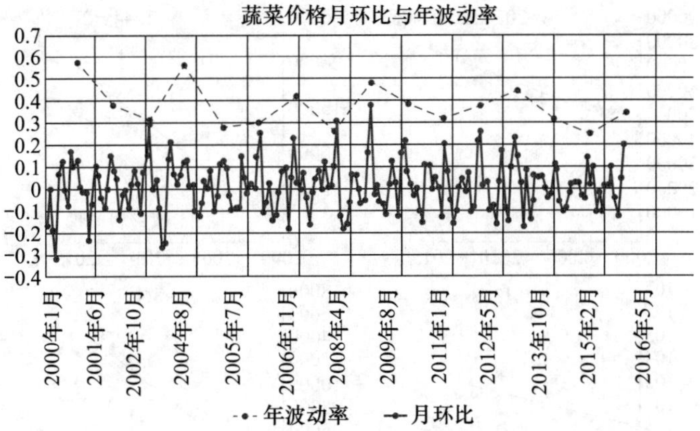


图 4-1　回望型波动率法计算蔬菜年波动率

**Fig. 4-1　Yearly Vegetable Volatility Using Backward Looking Method**

表 4-4　蔬菜价格波动率及各变量指标波动率

**Table 4-4　Vegetable Price and Variable Index Volatility**

| 年份 | 价格 | 产量 | 城乡居民收入水平 | CPI（上年 =100） | 居民消费支出 | 生产成本 | 人工成本 | 土城成本 | 化肥用量 | 农膜用量 |
|---|---|---|---|---|---|---|---|---|---|---|
| 2000 | 0.5770 | 0.0208 | 0.6481 | 0.0081 | 0.5737 | 0.3614 | 0.7845 | 0.6094 | 0.0176 | 0.0045 |
| 2001 | 0.3844 | 0.0198 | 0.3717 | 0.0064 | 0.3217 | 0.2092 | 0.4753 | 0.1482 | 0.0356 | 0.1217 |
| 2002 | 0.3135 | 0.0630 | 0.1604 | 0.0230 | 0.1484 | 0.0372 | 0.1933 | 0.0367 | 0.0135 | 0.1258 |
| 2003 | 0.5658 | 0.0450 | 0.0090 | 0.0042 | 0.0080 | 0.0915 | 0.0866 | 0.6245 | 0.0814 | 0.0920 |
| 2004 | 0.2788 | 0.0253 | 0.1129 | 0.0206 | 0.0983 | 0.0499 | 0.0665 | 0.0176 | 0.0281 | 0.3582 |
| 2005 | 0.3043 | 0.0125 | 0.1821 | 0.0010 | 0.1409 | 0.0828 | 0.0999 | 0.1641 | 0.1088 | 0.0093 |
| 2006 | 0.4213 | 0.0716 | 0.2162 | 0.0053 | 0.1829 | 0.0925 | 0.2213 | 0.1303 | 0.0321 | 0.0667 |
| 2007 | 0.2648 | 0.0608 | 0.1690 | 0.0250 | 0.1514 | 0.1182 | 0.3103 | 0.0295 | 0.0623 | 0.0557 |
| 2008 | 0.4918 | 0.0458 | 0.1327 | 0.0338 | 0.1292 | 0.1622 | 0.3983 | 0.0524 | 0.0694 | 0.0072 |
| 2009 | 0.3831 | 0.0356 | 0.1402 | 0.0318 | 0.1291 | 0.2225 | 0.3975 | 0.0038 | 0.0383 | 0.5357 |
| 2010 | 0.3197 | 0.0153 | 0.0990 | 0.0068 | 0.1085 | 0.1125 | 0.1629 | 0.0710 | 0.1166 | 0.2812 |
| 2011 | 0.3724 | 0.0035 | 0.0280 | 0.0253 | 0.0426 | 0.0779 | 0.1332 | 0.0774 | 0.0130 | 0.2224 |
| 2012 | 0.4484 | 0.0091 | 0.0261 | 0.0027 | 0.0047 | 0.0587 | 0.0639 | 0.0596 | 0.0478 | 0.1002 |
| 2013 | 0.3161 | 0.0164 | 0.0455 | 0.0040 | 0.0553 | 0.0988 | 0.1276 | 0.1028 | 0.0330 | 0.0558 |
| 2014 | 0.2544 | 0.0214 | 0.0717 | 0.0113 | 0.0784 | 0.0686 | 0.1065 | 0.0167 | 0.0447 | 0.1013 |
| 2015 | 0.3455 | 0.0264 | 0.0911 | 0.0187 | 0.0949 | 0.0686 | 0.1235 | 0.0473 | 0.0388 | 0.0906 |

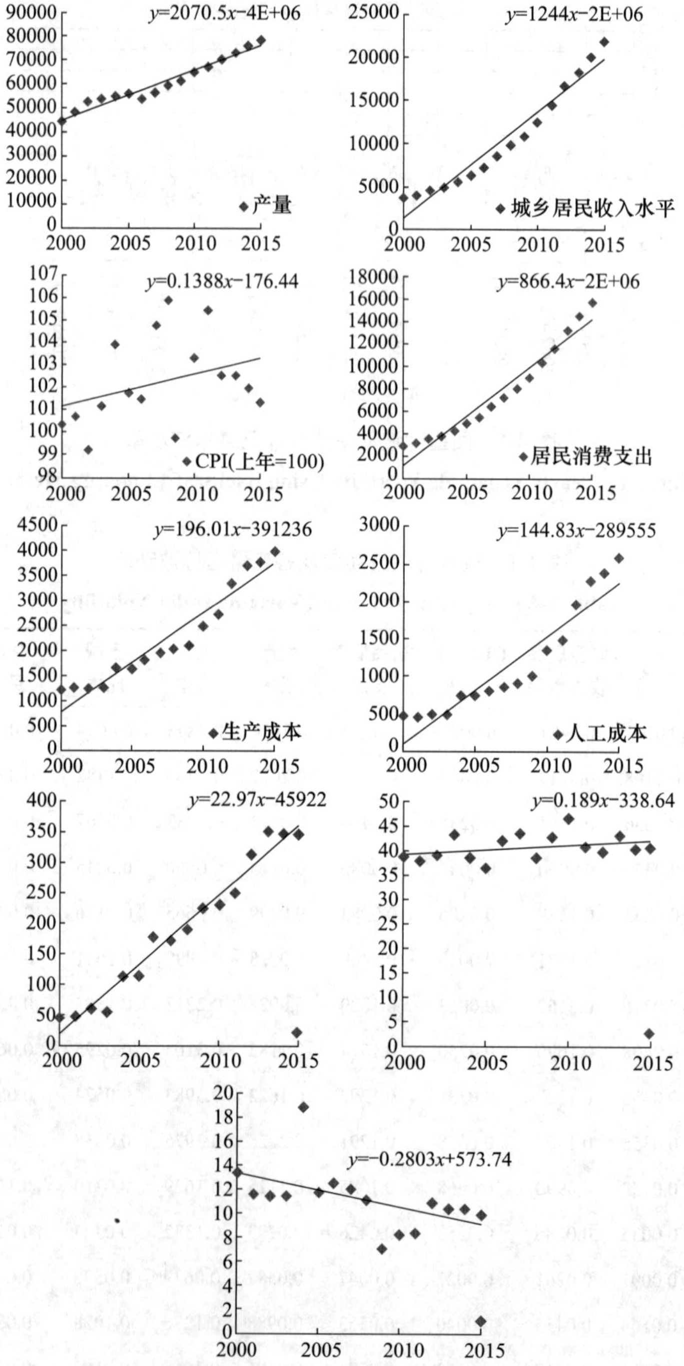


图 4-2 斯韦德伯格变差指数法计算蔬菜变量指标波动率

Fig. 4-2 Vegetable Variable Index Volatility Using Svedberg Variation Method

通过相关性分析，各影响因素波动率与蔬菜价格的波动率相关系数如表 4-5 所示。蔬菜价格波动率与土地成本、生产成本的波动率存在显著相关关系，与人工成本、城乡居民收入水平、居民消费支出的波动率存在低度相关关系，与产量、CPI、化肥用量、农膜用量呈微相关关系。

表 4-5 蔬菜价格波动率与变量指标波动率的相关系数

Table 4-5 Coefficients of Vegetable Price Volatility and Variable Index Volatility

| 项目 | 产量 | 城乡居民收入水平 | CPI（上年=100） | 居民消费支出 | 生产成本 | 人工成本 | 土地成本 | 化肥用量 | 农膜用量 |
|---|---|---|---|---|---|---|---|---|---|
| 蔬菜价格 | 0.0721 | 0.3626* | −0.1367 | 0.3514* | 0.5446** | 0.4814* | 0.7652** | −0.0474 | −0.2485 |

注：* 为低度相关，** 为显著相关。

由于上述相关因素分析中的生产成本包括了土地成本与人工成本，故在建立回归方程时只考虑人工成本和土地成本作为回归变量。对蔬菜价格波动率与土地成本、人工成本的波动率做散点图，通过最小二乘法（OLS），拟合后得到回归方程：

$$y = 0.3032 + 0.3530x_1 + 0.1110x_2$$

$$R^2 = 0.6254, F = 10.8532, P = 0.0017$$

式中，$y$ 为蔬菜价格波动率；$x_1$ 为土地成本波动率；$x_2$ 为人工成本波动率；$R^2$ 为决定系数；$F$ 为统计量；$P$ 为统计量对应的概率。

从上述回归分析可以看出，两类变量指标对蔬菜价格波动率拟合的显著性都有统计学意义。模型的 $F$ 检验值为 10.8532，在 1% 置信度下该回归方程是显著的。该模型的决定系数 $R^2 = 0.6254$，拟合度不高说明除了人工成本波动、土地成本波动外，影响蔬菜价格波动率的因素还有很多。模型中土地成本波动率回归系数大于人工成本波动率的回归系数，影响蔬菜价格波动的主要成本因素依次为土地成本波动、人工成本波动，且均呈现正变动关系。

#### 4.3.2.2 猪肉波动率相关性分析

通过对变量进行筛选，本研究选取 2000—2015 年猪肉的产量、城乡居民收入水平、CPI、居民消费支出、物质与服务成本、人工成本、精饲料数量、耗粮量作为猪肉价格波动的变量指标。其中，猪肉产量数据来自国家统计局，其他变量指标来自《全国农产品成本收益资料汇编》中的规模生猪成本收益情况（表 4-6）。

表 4-6　猪肉变量指标原始数值

Table 4-6　Original Pork Variable Index

| 年份 | 产量/万吨 | 城乡居民收入水平/元 | CPI（上年=100） | 居民消费支出/元 | 物质与服务费用/元 | 人工成本/元 | 精饲料数量/公斤 | 耗粮数量/公斤 |
|---|---|---|---|---|---|---|---|---|
| 2000 | 3966 | 3712 | 100 | 2875 | 507 | 44 | 268 | 190 |
| 2001 | 4052 | 4059 | 101 | 3085 | 540 | 38 | 267 | 187 |
| 2002 | 4123 | 4519 | 99 | 3474 | 503 | 35 | 252 | 183 |
| 2003 | 4239 | 4993 | 101 | 3795 | 556 | 40 | 262 | 180 |
| 2004 | 4341 | 5645 | 104 | 4272 | 708 | 56 | 262 | 185 |
| 2005 | 4555 | 6367 | 102 | 4871 | 686 | 56 | 261 | 183 |
| 2006 | 4650 | 7211 | 102 | 5431 | 668 | 59 | 262 | 187 |
| 2007 | 4288 | 8567 | 105 | 6332 | 935 | 64 | 271 | 192 |
| 2008 | 4621 | 9939 | 106 | 7224 | 1192 | 70 | 284 | 203 |
| 2009 | 4891 | 10965 | 99 | 7992 | 1043 | 74 | 286 | 203 |
| 2010 | 5071 | 12508 | 103 | 8922 | 1079 | 88 | 286 | 205 |
| 2011 | 5060 | 14582 | 105 | 10317 | 1354 | 114 | 293 | 211 |
| 2012 | 5343 | 16669 | 103 | 11568 | 1447 | 138 | 297 | 214 |
| 2013 | 5493 | 18311 | 103 | 13220 | 1455 | 159 | 299 | 217 |
| 2014 | 5671 | 20167 | 102 | 14491 | 1421 | 168 | 303 | 221 |
| 2015 | 5487 | 21966 | 101 | 15712 | 1428 | 175 | 305 | 224 |

数据来源：《国家统计年鉴》《全国农产品成本收益资料汇编》。

由于解释变量与变量指标的数据维度不同，猪肉价格为日度数据，变量指标的数据为年度数据，因此采用 4.3.1 中介绍的回望型波动率法计算猪肉价格的波动率（图 4-3），采用斯韦德伯格变差指数法对产量、城乡居民收入水平、CPI、居民消费支出、物质与服务成本、人工成本、精饲料数量、耗粮量等变量指标进行波动率测算，根据 2000—2015 年各变量指标的实际数值（$Y_t$）推导出时间趋势数值（$\hat{Y}_t$）（图 4-4），实际数值与时间趋势数值之间的波动变化即为该变量指标的斯韦德伯格变差指数。蔬菜价格波动率及各变量指标波动率的具体测算结果详见表 4-7。

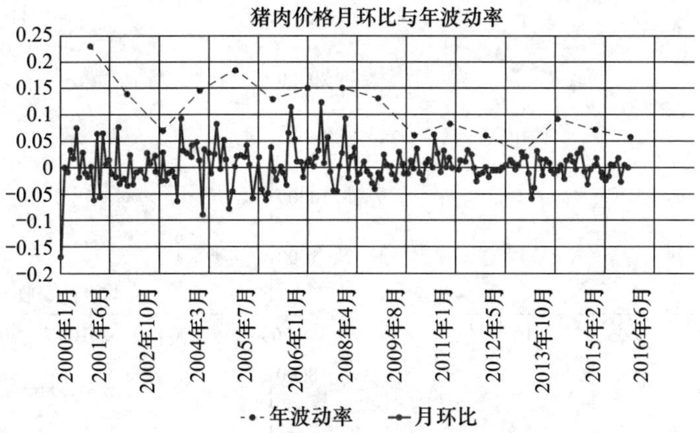


图 4-3　回望型波动率法计算猪肉年波动率

**Fig. 4-3　Yearly Pork Volatility Using Backward Looking Method**

表 4-7　猪肉价格波动率及各变量指标波动率

**Table 4-7　Pork Price and Variable Index Volatility**

| 年份 | 价格 | 产量 | 城乡居民收入水平 | CPI（上年=100） | 居民消费支出 | 物质与服务费用 | 人工成本 | 精饲料数量 | 耗粮数量 |
|---|---|---|---|---|---|---|---|---|---|
| 2000 | 0.23 | 0.02 | 0.65 | 0.01 | 0.57 | 0.21 | 0.67 | 0.05 | 0.07 |
| 2001 | 0.14 | 0.01 | 0.37 | 0.01 | 0.32 | 0.12 | 0.38 | 0.04 | 0.04 |
| 2002 | 0.07 | 0.00 | 0.16 | 0.02 | 0.15 | 0.10 | 0.05 | 0.03 | 0.00 |
| 2003 | 0.15 | 0.00 | 0.01 | 0.00 | 0.01 | 0.13 | 0.08 | 0.00 | 0.03 |
| 2004 | 0.19 | 0.00 | 0.11 | 0.02 | 0.10 | 0.00 | 0.06 | 0.02 | 0.02 |
| 2005 | 0.13 | 0.02 | 0.18 | 0.00 | 0.14 | 0.14 | 0.12 | 0.04 | 0.05 |
| 2006 | 0.15 | 0.02 | 0.22 | 0.01 | 0.18 | 0.28 | 0.21 | 0.04 | 0.04 |
| 2007 | 0.15 | 0.09 | 0.17 | 0.02 | 0.15 | 0.00 | 0.27 | 0.02 | 0.03 |
| 2008 | 0.13 | 0.04 | 0.13 | 0.03 | 0.13 | 0.15 | 0.30 | 0.01 | 0.01 |
| 2009 | 0.06 | 0.00 | 0.14 | 0.03 | 0.13 | 0.04 | 0.36 | 0.01 | 0.00 |
| 2010 | 0.08 | 0.01 | 0.10 | 0.01 | 0.11 | 0.07 | 0.25 | 0.00 | 0.01 |
| 2011 | 0.06 | 0.02 | 0.03 | 0.03 | 0.04 | 0.09 | 0.05 | 0.01 | 0.01 |
| 2012 | 0.03 | 0.02 | 0.03 | 0.00 | 0.00 | 0.09 | 0.07 | 0.01 | 0.01 |
| 2013 | 0.09 | 0.02 | 0.05 | 0.00 | 0.06 | 0.05 | 0.13 | 0.01 | 0.01 |
| 2014 | 0.07 | 0.03 | 0.07 | 0.01 | 0.08 | 0.03 | 0.12 | 0.01 | 0.01 |
| 2015 | 0.06 | 0.02 | 0.09 | 0.02 | 0.09 | 0.08 | 0.09 | 0.00 | 0.01 |

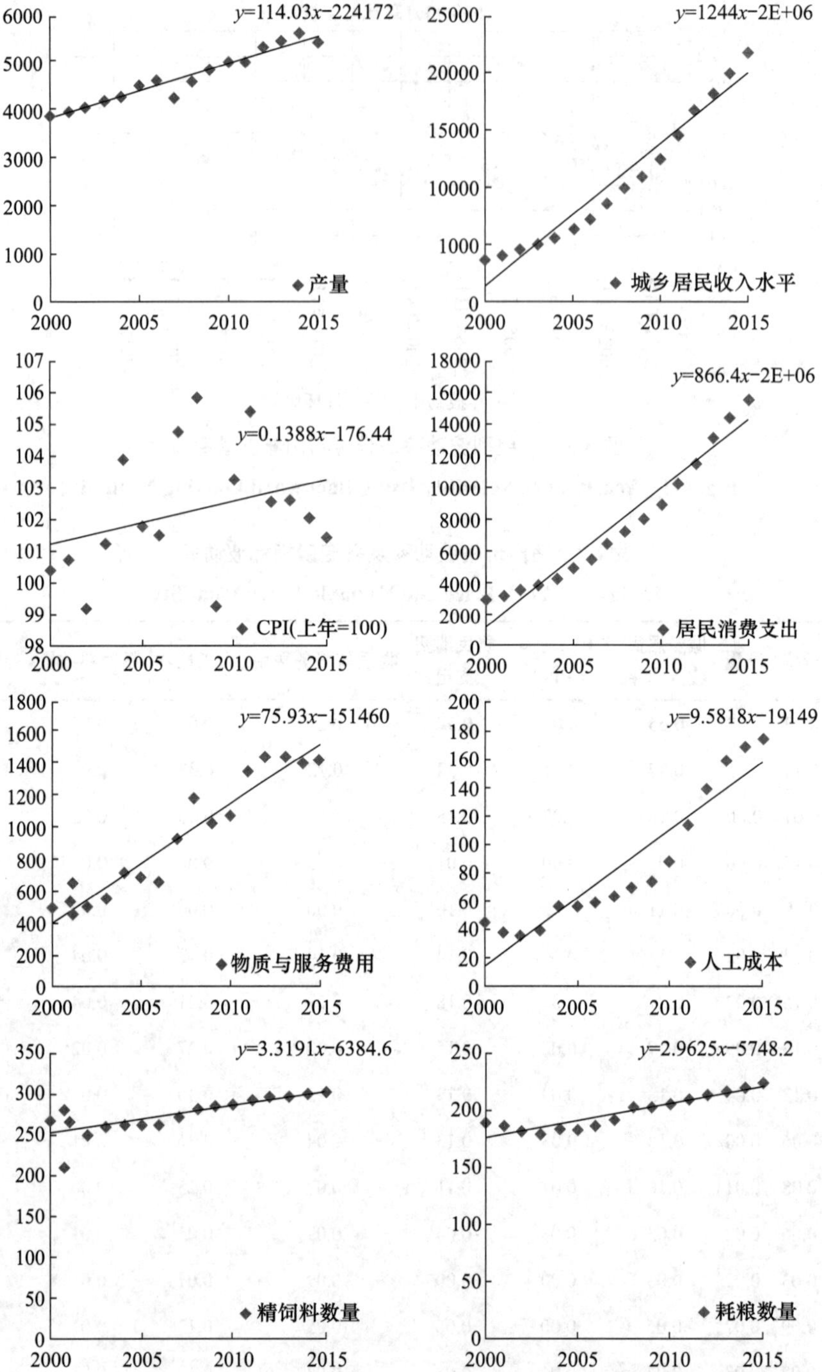


**图 4-4　斯韦德伯格变差指数法计算猪肉变量指标波动率**

**Fig. 4-4　Pork Variable Index Volatility Using Svedberg Variation Method**

通过相关性分析，各影响因素波动率与猪肉价格的波动率相关系数如表 4-8 所示。猪肉价格波动率与耗粮数量的波动率呈现高度相关关系，与城乡居民收入水平、居民消费支出、精饲料数量、人工成本、物质的波动率呈现显著相关关系，与服务费用的波动率呈低度相关关系，与产量、CPI 的波动率呈微相关关系。

表 4-8 猪肉价格波动率与变量指标波动率的相关系数

Table 4-8 Coefficients of Pork Price Volatility and Variable Index Volatility

| 项目 | 产量 | 城乡居民收入水平 | CPI（上年=100） | 居民消费支出 | 物质与服务费用 | 人工成本 | 精饲料数量 | 耗粮数量 |
|---|---|---|---|---|---|---|---|---|
| 猪肉价格 | 0.1511 | 0.6682** | −0.1363 | 0.6557** | 0.3665* | 0.5500** | 0.6362** | 0.8106** |

注：* 为低度相关，** 为显著相关。

由于上述相关因素分析中的生产成本包括了土地成本与人工成本，故在建立回归方程时只考虑人工成本和土地成本作为回归变量。对蔬菜价格波动率与土地成本、人工成本的波动率做散点图，通过 OLS，拟合后得到回归方程：

$$y = 0.0573 + 0.0524x_1 - 0.1292x_2 + 2.1612x_3$$

$$R^2 = 0.6752, F = 8.3145, P = 0.0029$$

式中，$y$ 为猪肉价格波动率；$x_1$ 为人工成本波动率；$x_2$ 为精饲料数量波动率；$x_3$ 为耗粮数量波动率；$R^2$ 为决定系数；$F$ 为统计量；$P$ 为统计量对应的概率。

从上述回归分析可以看出，3 类变量指标对猪肉价格波动率拟合的显著性都有统计学意义。模型的 $F$ 检验值为 8.3145，在 1% 置信度下该回归方程是显著的。该模型的决定系数 $R^2 = 0.6752$，拟合度不高说明除了人工成本、精饲料数量、耗粮数量外，影响猪肉价格波动率的因素还有很多。模型中耗量数量波动率回归系数最大，说明影响猪肉价格波动的主要成本因素为耗粮数量，而精饲料数量波动率与价格波动率呈负相关关系，可能是由于使用精饲料数量较多的养殖场多数为大规模养猪场，而大规模养猪场生产的猪肉价格波动幅度相对较小，因此呈反向变动关系。

## 4.4 农产品批发价格波动率预测最小二乘支持向量机建模分析

对于模型能否很好地分析历史数据特征，有人认为由 Engel（1982）发展起来的 GARCH 类模型表现较好，其用于投资、期权定价、金融等方面的波动率预测。对历史波动率分析方法主要包括以下 3 种：一是时间序列模型，如移动平均模型（MA）、简单指数平滑模型、自回归模型（AR）；二是复杂模型，如向量自回归模型（VAR）、随机波动率模型（SV）、自回归条件异方差模型（ARCH）、广义自回归条件异方差模型（GARCH）等；三是人工智能模型，主要是应用人工智能方法来分析与预测波动率的。为此，本章建立最小二乘支持向量机来对农产品价格波动率进行预测。

## 4.4.1 最小二乘支持向量机理论

最小二乘支持向量机（Support Vector Machine）是一种数据挖掘分析的新方法。1992 年支持向量机最早由 Boser、Guyon 和 Vapnik 在 COLT 国际会议上提出。支持向量机可用于处理回归及模型识别等问题，能够克服“过度学习”“维数灾难”等机器学习的弊端。支持向量机是一种通用的学习算法，遵循了统计学习理论的 VC 维理论和结构风险最小化原则（Structure Risk Minimization, SRM）。它是通过在样本输入空间或特征之间构造出一个最优的超平面，并使得这个超平面与各样本集之间的距离最大化，以期取得最佳的一般化能力（Generalization Ability，即无误地识别任意样本的一种能力）。最优的超平面构造可以转化为二次规划问题以方便求解。支持向量机相比于其他的机器学习方法，其优点较为突出：一是需要用户事先确定的参数相对比较少（一般只有两个，其中一个在代价函数中，另一个在核函数中），在使用上具有便捷性；二是支持向量方法还具有算法的稳定性，即该算法的结果一般不会因为训练样本的微小改变而导致出最终结果的巨大变化。

### 4.4.1.1 线性支持向量分类机

假设给定问题的训练样本集是 $S=\{(x^1,y_1),(x^2,y_2),\cdots,(x^l,y_l)\}$，其中 $x_i\in R^n$，$y_i\in\{-1,1\}$ $i=1,2,\cdots,l$。再假设该训练集的正反两类样本可以被一个超平面去划分，即存在一个超平面：

$$\begin{gathered}W^Tx+b=0\\ \text{s.t }W^Tx_i+b>0,\ y_i=+1\\ W^Tx^i+b<0,\ y_i=-1\end{gathered}\tag{4-1}$$

式中，$W$ 是权值向量，$b$ 是偏值，分类问题以 $f(x)=\text{sign}(W^Tx+b)$ 为分类函数。

对于某一类问题，可能有许多分类超平面满足式（4-1），但只存在一个最优的超平面，使距离超平面最近的点与超平面之间的距离最大。支持向量机所进行的训练过程就是寻找最优超平面的过程，而支持向量就是距离最优超平面的最近点。

为确保分类超平面具有较好的一般化表现能力，当训练集线性可分时，则需要对 $W$ 和 $b$ 进行约束：正类中的各个样本 $x^i$ 必须满足 $W^T x^i + b \geqslant 1$；反类中的各个样本 $x^i$ 必须满足 $W^T x^i + b \leqslant -1$；同时，超平面 $W^T x^i + b = 1$ 及 $W^T x^i + b = -1$ 之间的距离要尽可能地大，使分类函数的 VC 维尽可能地小。根据数学规划理论，为寻找到满足上述条件的分类超平面，就应对以下二次规划问题进行求解，方法是：

$$\text{Minimize}: \phi(W) = \frac{1}{2} W^T W$$

$$\text{Subject}: y_i(W^T x^i + b \geqslant 1), i = 1,2,\cdots,l \tag{4-2}$$

如满足 $y_i(W^T x^i + b) = 1$ 的训练样本 $x^i$ 则被称为支持向量。

根据对偶理论，式（4-2）的对偶问题则可表示为：

$$\text{Maximize}: Q(\alpha) = \sum_{t=1}^{l} (\alpha_i) - \frac{1}{2} \sum_{t=1}^{l} \sum_{j=1}^{l} \alpha_i \alpha_j y_i y_j x^{iT} x^i$$

$$\text{Subject to}: \sum_{t=1}^{N} \alpha_i y_i = 0 \tag{4-3}$$

$$\alpha_i \geqslant 0, i = 1,2,\cdots,l$$

其中，$i = 1,2,\cdots,l$ 是所要求解问题（4-2）的拉格朗日因子。

如求得对偶问题（4-3）的最优解 $\alpha_i^*$，则将有：

$$W^* = \sum_{t=1}^{l} y_i \alpha^* x^i \tag{4-4}$$

以及

$$b^* = y_j - \sum_{t=1}^{N} y_i \alpha^* x^{iT} x^j, j \in \{ j \mid \alpha_j^* > 0 \} \tag{4-5}$$

#### 4.4.1.2　非线性的支持向量分类机

当训练集 $S$ 线性不可分时，则采用非线性变换 $x \leftrightarrow \phi(x)$，可将训练样本映射到一个更高维空间中去，此处的 $x \in R^n, \phi(x) = [\phi_1(x), \phi_2(x), \cdots, \phi_m(x)]^T$ ($m > n$) 为正整数或无穷大。这时在原空间中的模式分类问题就转化成了更高维空间中模式分类的问题。依据 Cover 理论，模式线性可分的概率在高维空间中将会加大。

非线性变换后，分类超平面就需要在新的特征空间中去寻找：$W^T\phi(x)+b=0$。为确保分类函数 $f(x)=\text{sign}(W^T\phi(x)+b)$ 具有更强的一般化能力，$W$ 和 $b$ 仍然需要满足式（4-2）中的约束条件。由于训练集 $S$ 在新的特征空间中有可能仍然存在线性不可分，为衡量 $W$ 和 $b$ 违背约束条件的程度，可针对每个样本 $xi$，全部引入非负的松弛变量 $\xi$。这时根据数学规划理论，为寻找新的特征空间中的分类超平面，可对以下的二次规划问题进行求解：

$$\text{Maximize}:\phi(W,\xi)=\frac{1}{2}W^TW+C\sum_{t=1}^{l}\xi_i$$
$$\text{Subject to}:y_i(W^T\phi(x^i)+b)\geqslant 1+\xi_i,\quad i=1,2,\cdots,l \tag{4-6}$$
$$\xi_i\geqslant 0,i=1,2,\cdots,l$$

式中，正常数 $C$ 的引入就是对违背约束条件的一种惩罚。对非线性可分的分类问题，需预先设定一个惩罚参数 $C$。

根据对偶理论，需要解二次规划问题（4-6），要解其对偶问题：

$$\text{Maximize}:Q(\alpha)=\sum_{t=1}^{l}(\alpha_i)-\frac{1}{2}\sum_{t=1}^{l}\sum_{j=1}^{l}\alpha_i\alpha_jy_iy_j\phi(x^i)^T\phi(x^j)$$
$$\text{Subject to}:\sum_{t=1}^{l}\alpha_iy_i=0 \tag{4-7}$$
$$\alpha_i\in[0,C],i=1,2,\cdots,l$$

式中，$\alpha_i$ 是原问题（4-6）的拉格朗日因子。由于在上述对偶问题（4-7）的求解过程中，不必知道 $\phi(x_i)$ 的准确数值。因此，可使 $K(x,x^i)=\phi(x)^T\phi(x^l)$，并视 $K$ 为核函数。该方法被机器学习界称为“核技巧”，即借用核函数来隐藏非线性变换，其中核函数 $K(x,x^i)$ 应满足 Mercer 定理。在这种假定下，核函数的选择可依据实际情况进行确定，常用的核函数包括多项式、径向基函数以及二层神经网络。

$$\text{多项式：}K(x^i,x)=(x^Tx^i+1)^p \tag{4-8}$$

$$\text{径向基函数：}K(x^i,x)=\exp\left(-\frac{1}{2\sigma^2}\left\|x^i-x\right\|\right)^2 \tag{4-9}$$

$$\text{二层神经网络：}K(x^i,x)=\tan\text{h}(\beta_0x^Tx^i+\beta_1) \tag{4-10}$$

式中，$\sigma,p,\beta_0,\beta_1$ 需要用户进行设定。多项式和径向基函数总能满足 Mercer 定理，而 $\beta_0$ 与 $\beta_1$ 的取值是决定二层神经网络能否满足 Mercer 定理的关键因素。

如求得对偶问题（4-7）的最优解 $\alpha_i^*$，则有：

$$W^*\phi(x)=\sum_{t=1}^{l}y_i\alpha^*K(x^i,x) \tag{4-11}$$

和

$$b^*=y_j-\sum_{t=1}^{l}\alpha^*K(x^i,x^j),j\in\{j\mid\alpha_j^*>0\}$$

由此，分类超平面的表达式为：

$$W^*\phi(x)+b=\sum_{t=1}^{l}y_i\alpha^*K(x^i,x)b=0 \tag{4-12}$$

以 $K(x^i,x^j),i=1,2,\cdots,l;\ j=1,2,\cdots,l$，1 为元素构成的矩阵称为核矩阵。

### 4.4.1.3 最小二乘支持向量回归（LSSVR）

支持向量回归（SVR）是支持向量机（SVM）在回归研究上的应用。LSSVR 模型有别于标准 SVR，它可将约束类型由不等式变为等式，而且经验风险偏差变为更高阶。LSSVR 通过非线性映射函数 $\phi(x)$ 将样本 $x$ 从低维的空间投射至高维度的希尔伯特空间，能在高维度的希尔伯特空间对样本数据来进行回归分析。LSSVR 在希尔伯特空间中创造的回归超平面进行特征向量与解释变量向量之间的非线性相关关系分析，通过最小化的结构风险来表述最优化的回归超平面的决策函数。

本研究使用 LSSVR 的等式约束特征，可将复杂的最优化问题变换成为易于求解的线性方程，可以避免使用经典支持向量回归的不等式约束所遇到的各类问题，此方法具有计算效率高、参数变量少等特征，适合小样本智能数据的分析。总体上说，LSSVR 方法适合结构复杂的多元非线性回归问题的求解，对于求解问题中含有映射关系的特征向量和解释变量的输出结果，就可以使用 LSSVR 来进行回归分析，并通过回归模型来进行结果预测。

待训练的样本 $\Omega=\{(S_i,y_i)\mid S_i\in R^n,y_i\in R,i=1,2,\cdots,n\}$，LSSVR 回归分析计算如下的问题：

$$\min_{\gamma,\delta,b} j(\gamma,\delta)=\frac{1}{2}\|\gamma\|^2+\frac{1}{2}\gamma\sum_{i=1}^{n}\delta_i^2 \tag{4-13}$$

$$\text{s.t.}\ y_i=\gamma\cdot\phi(S_i)+b+\delta_i,\mathrm{i}=1,2,\cdots,n$$

式中，$\delta_i$ 为回归超平面的回归误差项；$\delta=[\delta_1,\delta_2,\cdots,\delta_n]$ 为误差项组成的误差向量。

因为式（4-13）的优化求解计算过程比较复杂，通常需要先将其转换为对偶问题再进行求解。由此可以构造拉格朗日函数：

$$L(\gamma,\delta,b,\alpha)=J(\gamma,\delta)-\sum_{i=1}^{n}\alpha_i\{\gamma\cdot\phi(S_i)+b+\delta_i-y_i\} \tag{4-14}$$

式中，$\alpha_i$ 是拉格朗日算子。根据 KKT 条件（Karush Kuhn Tuchker），来对拉格朗日函数进行偏导数求解：

$$\begin{cases}\dfrac{\partial L}{\partial \gamma}=0\\ \dfrac{\partial L}{\partial b}=0\\ \dfrac{\partial L}{\partial \delta_i}=0\\ \dfrac{\partial L}{\partial \alpha_i}=0\end{cases}\Rightarrow\begin{cases}\gamma=\sum_{i=1}^{n}\alpha_i\phi(S_i)\\ \sum_{i=1}^{n}\alpha_i=0\\ \alpha_i=\gamma\delta_i\\ \gamma\cdot\phi(S_i)+b+\delta_i-y_i=0\end{cases} \tag{4-15}$$

则该方程组可以表示为矩阵形式：

$$\begin{bmatrix} I & 0 & 0 & -V^T\\ 0 & 0 & 0 & -e^T\\ 0 & \gamma I & 0 & -I\\ V^T & I & e & 0\end{bmatrix}\begin{bmatrix}\gamma\\ \delta\\ b\\ \alpha\end{bmatrix}=0 \tag{4-16}$$

式中，$I$ 为单位矩阵，$V=[S_1,S_2,\cdots,S_n]$，$y=[y_1,y_2,\cdots,y_n]$，$\delta=[\delta_1,\delta_2,\cdots,\delta_n]$，$e=[1,1,\cdots,1]$，$\alpha=[\alpha_1,\alpha_2\cdots,\alpha_n]$。

通过变量代换的方法，可以消除公式中的 $\gamma$ 和 $\delta$，选取核函数 $K(S_i,S_j)$ 代替 $\phi(S_i)\cdot\phi(S_j)$，可以将式（4-16）的矩阵方程进一步优化为：

$$\begin{bmatrix} 0 & e^T\\ e & \Gamma+\gamma^{-1}I\end{bmatrix}\begin{bmatrix} b\\ \alpha\end{bmatrix}=\begin{bmatrix}0\\ y\end{bmatrix} \tag{4-17}$$

式中，$\Gamma$ 为第 $i$ 行 $j$ 列元素为 $K(S_i,S_j)=\phi(S_i)\cdot\phi(S_j)$ 的 $n\times n$ 阶的对称矩阵，通过求解参数 $\alpha$ 和 $b$ 从而得到 LSSVR 回归超平面的回归函数：

$$\hat{y}=\sum_{i=1}^{n}\alpha_i K(S,S_i)+b \tag{4-18}$$

将预测所需的因变量 $S$ 输入式（4-18）的回归函数，即可通过该模型对 $y$ 值进行预测。

LSSVR 模型的流程框图如图 4-5 所示，该模型包括了数据输入层、隐含层及输出层。输入层主要用于自变量的样本数据输入，隐含层主要用于实现希尔伯特空间内运算，输出层主要用于对隐含层的运算值进行权重分配，并可得到最终的回归函数。

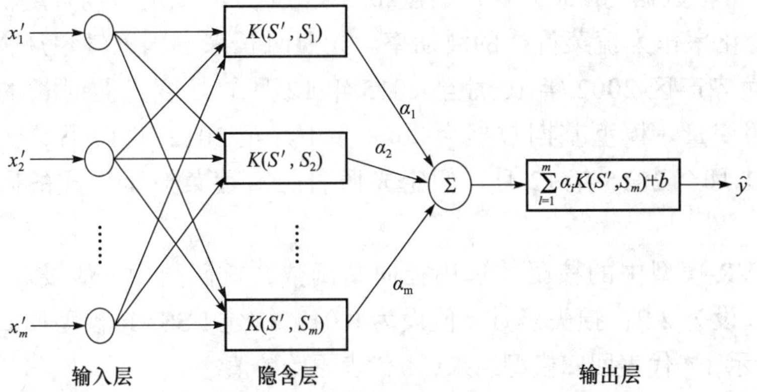


图 4-5 LSSVR 模型的流程框图

Fig. 4-5 Flow Diagram of LSSVR Model

为了评价模型的相关预测性能，本研究采用三个预测评价方式：① 正则均方误差（Normalized Mean Squared Error，NMSE）；② 平方根均方误差（Root Mean Squared Error，RMSE）；③ 平均绝对误差（Mean Absolute Error，MAE）。

令 $n$ 表示样本个数，$y_i$ 和 $\hat{y}_i$ 分别表示真实值与预测值，NMSE、RMSE 和 MAE 分别定义为：

$$\text{NMSE}=\frac{1}{\sigma^2 n}\sum_{i=1}^{n}(y_i-\hat{y}_i)^2,\ \sigma^2=\frac{1}{n-1}\sum_{i=1}^{n}\left(y_i-\frac{1}{n}\sum_{i=1}^{n}y_i\right)^2 \tag{4-19}$$

$$\text{RMSE}=\left(\frac{1}{n}\sum_{i=1}^{n}(y_i-\hat{y}_i)^2\right)^{0.5} \tag{4-20}$$

$$\text{MAE}=\frac{1}{n}\sum_{i=1}^{n}|y_i-\hat{y}_i| \tag{4-21}$$

### 4.4.2 实证建模与农产品价格波动率预测结果

本章选取蔬菜品种作为研究对象，对蔬菜价格波动与气象影响因素中的光照时长进行模型构建，通过传统相关性模型计算得到蔬菜价格波动与光照

时长的相关系数为 −0.055，相关性较差，不适宜用传统线性或非线性回归方法进行蔬菜价格波动回归分析与预测，因此，本章构建了最小二乘支持向量回归（LSSVR）模型进行测算。

蔬菜价格数据为 2003 年 1 月至 2015 年 12 月的批发市场月度价格，用月环比变化率作为蔬菜价格的波动率。光照时长来自国家气象局，计算蔬菜六大优势产区 2002 年 10 月至 2015 年 12 月的月度光照时长的平均值作为光照变量。模型基期数据为 2003 年 1 月至 2012 年 12 月，预测期为 2013 年 1 月至 2015 年 12 月。假定光照时长对蔬菜产量形成的影响具有滞后性。

LSSVR 模型中的核函数选用径向基函数，核函数中 $\gamma$ 值设为 2.8，惩罚系数 $C$ 设为 2.2，损失函数 $\varepsilon$ 值设为 0.01，构建 LSSVR 模型回归结果如图 4-6 所示，* 代表回归模型结果，○代表原始数值。

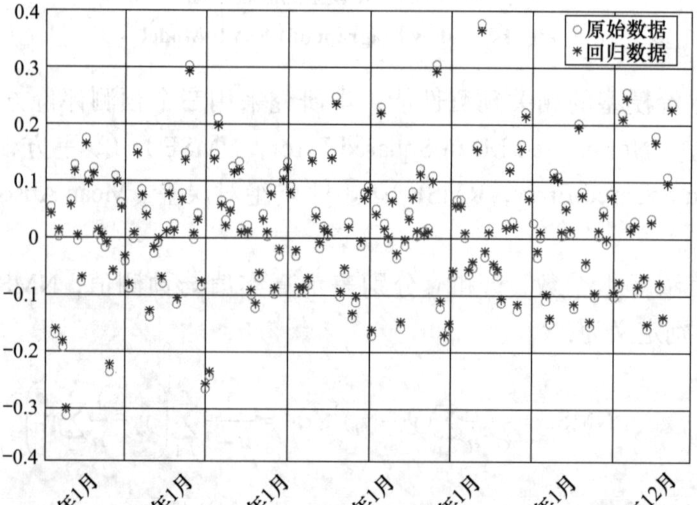


**图 4-6　蔬菜价格 LSSVR 模型结果**

**Fig. 4-6　Vegetable Price LSSVR Results**

利用建立的 LSSVR 模型进行预测，得到内推 2013 年 1 月至 2015 年 12 月回测结果和外推的 2016 年 1 月至 2016 年 3 月的预测结果如图 4-7 所示，其中▲为实际值，●为用 LSSVR 模型得到的预测值，具体价格波动预测值及误差如表 4-9 所示。

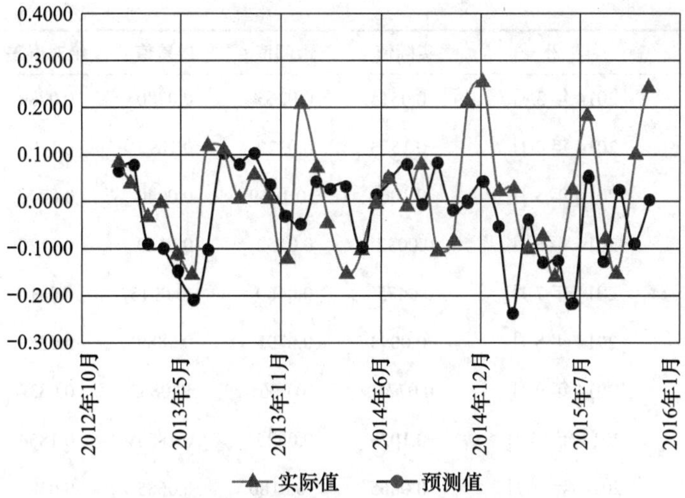


图 4-7 蔬菜月度价格波动率预测值和真实值比较

Fig. 4-7 Monthly Vegetable Price Comparison Between Projection Data and Real Data

表 4-9 蔬菜价格波动 LSSVR 模型预测结果及误差

Table 4-9 LSSVR Projection Results and Its Deviation of Vegetable Price Volatility

| | 年份 | 实际值 | 预测值 | 误差值 | 绝对误差 | 误差平方 |
|---|---|---|---|---|---|---|
| 内推 36 个月 | 2013 年 1 月 | 0.0769 | 0.0651 | −0.0119 | 0.0119 | 0.0001 |
| | 2013 年 2 月 | 0.0257 | 0.0780 | 0.0523 | 0.0523 | 0.0027 |
| | 2013 年 3 月 | −0.0346 | −0.0904 | −0.0559 | 0.0559 | 0.0031 |
| | 2013 年 4 月 | −0.0014 | −0.0996 | −0.0982 | 0.0982 | 0.0096 |
| | 2013 年 5 月 | −0.1124 | −0.1469 | −0.0345 | 0.0345 | 0.0012 |
| | 2013 年 6 月 | −0.1535 | −0.2082 | −0.0547 | 0.0547 | 0.0030 |
| | 2013 年 7 月 | 0.1149 | −0.1031 | −0.2180 | 0.2180 | 0.0475 |
| | 2013 年 8 月 | 0.1076 | 0.1028 | −0.0048 | 0.0048 | 0.0000 |
| | 2013 年 9 月 | 0.0022 | 0.0795 | 0.0773 | 0.0773 | 0.0060 |
| | 2013 年 10 月 | 0.0578 | 0.1023 | 0.0444 | 0.0444 | 0.0020 |
| | 2013 年 11 月 | 0.0067 | 0.0365 | 0.0298 | 0.0298 | 0.0009 |
| | 2013 年 12 月 | −0.1256 | −0.0307 | 0.0949 | 0.0949 | 0.0090 |
| | 2014 年 1 月 | 0.2029 | −0.0485 | −0.2513 | 0.2513 | 0.0632 |
| | 2014 年 2 月 | 0.0795 | 0.0426 | −0.0369 | 0.0369 | 0.0014 |

续表 4-9

| | 年份 | 实际值 | 预测值 | 误差值 | 绝对误差 | 误差平方 |
|---|---|---|---|---|---|---|
| 内推 36 个月 | 2014 年 3 月 | −0.0515 | 0.0265 | 0.0780 | 0.0780 | 0.0061 |
| | 2014 年 4 月 | −0.1573 | 0.0322 | 0.1895 | 0.1895 | 0.0359 |
| | 2014 年 5 月 | −0.1060 | −0.1019 | 0.0040 | 0.0040 | 0.0000 |
| | 2014 年 6 月 | 0.0032 | 0.0152 | 0.0120 | 0.0120 | 0.0001 |
| | 2014 年 7 月 | 0.0475 | 0.0460 | −0.0015 | 0.0015 | 0.0000 |
| | 2014 年 8 月 | −0.0094 | 0.0795 | 0.0889 | 0.0889 | 0.0079 |
| | 2014 年 9 月 | 0.0771 | −0.0061 | −0.0832 | 0.0832 | 0.0069 |
| | 2014 年 10 月 | −0.1029 | 0.0825 | 0.1854 | 0.1854 | 0.0344 |
| | 2014 年 11 月 | −0.0865 | −0.0180 | 0.0685 | 0.0685 | 0.0047 |
| | 2014 年 12 月 | 0.2191 | −0.0019 | −0.2210 | 0.2210 | 0.0488 |
| | 2015 年 1 月 | 0.2568 | 0.0431 | −0.2137 | 0.2137 | 0.0457 |
| | 2015 年 2 月 | 0.0210 | −0.0533 | −0.0744 | 0.0744 | 0.0055 |
| | 2015 年 3 月 | 0.0273 | −0.2376 | −0.2649 | 0.2649 | 0.0702 |
| | 2015 年 4 月 | −0.0973 | −0.0394 | 0.0579 | 0.0579 | 0.0034 |
| | 2015 年 5 月 | −0.0777 | −0.1295 | −0.0518 | 0.0518 | 0.0027 |
| | 2015 年 6 月 | −0.1606 | −0.1258 | 0.0348 | 0.0348 | 0.0012 |
| | 2015 年 7 月 | 0.0335 | −0.2165 | −0.2501 | 0.2501 | 0.0625 |
| | 2015 年 8 月 | 0.1793 | 0.0507 | −0.1286 | 0.1286 | 0.0165 |
| | 2015 年 9 月 | −0.0906 | −0.1279 | −0.0372 | 0.0372 | 0.0014 |
| | 2015 年 10 月 | −0.1488 | 0.0247 | 0.1734 | 0.1734 | 0.0301 |
| | 2015 年 11 月 | 0.1075 | −0.0902 | −0.1976 | 0.1976 | 0.0391 |
| | 2015 年 12 月 | 0.2373 | 0.0029 | −0.2344 | 0.2344 | 0.0549 |

**内推预测评价**

| **评价指标** | NMSE | RMSE | MAE |
|---|---|---|---|
| **检验结果** | 0.1482 | 0.1321 | 0.1032 |

**外推 3 个月的预测值**

| **月份** | 2016 年 1 月 | 2016 年 2 月 | 2016 年 3 月 |
|---|---|---|---|
| **波动率预测值** | 0.0994 | −0.0759 | −0.0736 |

从预测结果可以看出，2013 年 1 月至 2015 年 12 月共 36 个月的蔬菜价格波动预测值与实际值的平均绝对误差绝对值（MAE）为 0.1032，预测效果相对较好。对 2016 年 1 月至 2016 年 3 月的预测结果显示，未来蔬菜价格波动呈现缓慢变动趋势。因此，通过 LSSVR 模型可以有效地进行农产品价格波动预测。

# 第 5 章 农产品价格波动识别区的研究

Chapter 5

## 5.1 价格波动识别区的概念与内涵

农产品是自然再生产与社会再生产相结合的产业形式，农产品市场受生产空间布局的影响，也受产品消费时间分布的影响，还受市场信号及政策效应滞后的影响。因此，农产品价格波动是一个复杂的变化过程，这个过程的变化或快或慢，但波动所形成的信号足迹特征是存在的。农产品价格调控是农产品市场管理的重要方面，但怎样去调控，如何把握调控的时机与力度，这是调控操作的重要内容。许多时候，农产品价格上涨时，不一定需要直接增加供给量，价格下降时，也不一定需要直接促进消费量增加。农产品市场调控的时间与力度要充分考虑农产品生产、运输、食用的阶段递进性。同时农产品类型多样，不同主产区、主销区其价格变化的风险对产业的影响也很不相同，这就需要在农产品价格变化所带来的影响程度判定及调控操作中设定一定的空间距离尺度。要充分认识并做到，一些情况下价格变化控制手段的使用是绝对的、立即的、充分的；一些情况下价格变化调控手段的使用是相对的、互动的、渐进的。

### 5.1.1 识别区的概念

价格波动识别区是指为农产品价格调控提供一定区域与空间条件下的价格风险判定范围。这一识别区范围的制定有利于提早识别价格正向或反向波动可能会带来的风险征兆，有利于避免调节机制作用所需要的时间冲突，有利于提高调控手段与措施的精准性、有效性。

### 5.1.2 识别区的内涵

识别区的内涵包括多个方面：一是时间上的价格波动识别区建立。即划定不同时间条件，在时间尺度基础上建立农产品价格波动幅度与频率的识别体系，从而有利于价格调控手段按时间进度来进行。如把一年内农产品价格按季节区分，或在一周内按周末与工作日区分，不同农产品价格波动值所表现的风险程度是不一样的。二是地域上的价格波动识别区建立。针对不同地区，如经济发达地区与经济欠发达地区、农村地区与城镇地区、农产品主产区与主销区、农产品高水平产量区和低产量区等，这些地理位置上的不同对农产品价格的反映是完全不一样的。三是经济水平条件下的价格波动识别区建立。农产品价格波动承受的能力是不同经济条件下的直接反映，经济欠发达地区、经济收入低的人群对农产品价格的反映一般来说会敏感于经济发达地区和经济收入高的人群。设立一定经济条件下的价格波动识别区，就能更准确地识别风险，有利于农产品价格调控在稳定市场供给，保障人民生活水平提升中发挥更好的作用。

农产品价格波动识别区的设立，是现代市场体制机制条件下管理市场的一种有益探索，也是信息化手段与条件下农业市场风险防范的新方式，在“互联网 +”时代，现代信息技术与系统已完全能够支撑起这样一个庞大的系统，这个系统的建立将为农产品的正确调控提供有效的方法、技术和条件。

农产品价格波动识别区的建立也不是一朝一夕就能全部完成的，需要开展多方面的理论、标准、技术、系统的探索，本书仅对农产品价格波动识别区中的地区识别区进行研究。

## 5.2 价格波动识别区的功能

农产品价格波动识别区是衡量波动风险状况的一个范围概念，它能够对农产品市场已发生的价格波动进行判断分析，识别是否偏离正常趋势范围，是否需要发出预报以便有关部门采取应对措施，防范和化解农产品市场风险，确保农产品市场健康、稳定、可持续发展。

### 5.2.1 分析功能

识别区的分析功能，是指识别区能够对农产品市场运行安全态势做出判断的作用，通过农产品价格波动变化值的分析，跟踪变化值进入或越出产品识别区的时间、强度；进行农产品市场状况分析，主要是从历史数据和实时数据分析着手，以农产品市场运行的正常轨道和科学预期为参照物，系统分析可能引发农产品市场价格波动的各种影响因素及因素作用。

### 5.2.2 认识功能

识别区的认识功能，是指借助信息分析方法及现代信息技术，客观描述农产品市场波动风险程度，辨析警情、确定警线、划分警度、提出应对预案的作用。农产品市场形势在各种影响因素的相互作用下不断发生变化，如果影响因素都朝着加剧市场波动的方向变化，这种因素就会形成警情，通过识别区系统有利于识别警情、判断警度、识别农产品价格波动剧烈程度。

### 5.2.3 预判功能

识别区的预报功能，主要是指通过跟踪分析农产品市场价格实际变动情况，综合运用定性和定量方法，对市场变动与影响其正常运行相关因素的实际联系进行分析，根据农产品市场多级警情的警线，参照划定的报警区间，并综合生产经营者对市场的判断、专家意见和管理者经验，预报各类农产品市场警情的严重程度，为农业主管部门及农业生产者、经营者及时采取有效措施，规避农产品市场风险，保障农业产业正常运行提供支撑。

## 5.3 价格波动识别区的建立

### 5.3.1 识别区的研究方法

农产品价格波动状况可以用农产品价格波动的变化率来表示，变化率的出现是随机发生的。对给定样本点集合求解随机变量的分布密度函数主要有两种方法：参数估计和非参数估计。参数估计法是依据从总体中抽取的样本来估计总体分布中包含的未知参数的一种方法，需要根据样本数据如何选择统计量去合理推断总体的分布或数字特征等。参数估计要求明确参数服从分布的类型，确定模型的具体形式，才能给出参数的估计值。理论和经验都表明，参数估计的基本假定与实际模型之间时常会存在一定的差距。

Rosenblatt 和 Parzen 提出了一种非参数估计方法——核密度估计方法，可以规避参数估计的缺陷。该方法不必事先对解释变量的分布状况与模型具体形式做出规定，而是运用核密度函数与窗宽去逐步逼近，找出相应的模型。

由于核密度估计方法不必运用有关数据分布的先验知识，对数据分布不去先附加任何假定，而只是从数据样本本身出发来研究数据分布特征，因此在分析商品的价格波动中有着较为广泛的应用。

#### 5.3.1.1 核密度估计方法

核密度估计可以通过分布密度函数和其对应的概率分布函数推导而来：

$$f(x)=\frac{\mathrm{d}F(x)}{\mathrm{d}x}=\lim_{h\to 0}\frac{F\left(x+\frac{h}{2}\right)-F\left(x-\frac{h}{2}\right)}{h}$$

式中，$F(x)=\int_{-\infty}^{x}f(t)\mathrm{d}t$。

通过经验分布函数（Empirical Distribution Function）来估计 $F(x)$，分布函数可表示为：

$$F_n(x)=\frac{1}{n}\sum_{i=1}^{n}I\ \{X_i\leqslant x\}$$

式中，$I$ 为指标函数：

$$I\{X_i\leqslant x\}=\begin{cases}1, & X_i\leqslant x\\ 0, & \text{otherwise}\end{cases}$$

将经验分布函数 $F_n(x)$ 代入上式，则有

$$\begin{aligned}\hat{f}_h(x)&=\frac{F_n(x+h)-F_n(x-h)}{2h}\\&=\frac{1}{nh}\sum_{i=1}^{n}I\ \{x-h\leqslant X_i\leqslant x+h\}\\&=\frac{1}{nh}\sum_{i=1}^{n}K\left(\frac{X_i-x}{h}\right)\end{aligned}$$

式中，$K(x)$ 为核函数，$h$ 为窗宽。

一般常见的核函数有高斯核函数、Epanechnikov 核函数、二次核函数和三角核函数。从公式中可以看出，窗宽 $h$ 对 $X_i$ 到 $x$ 的距离的计算起到了缩放的作用。对于一般的核函数来说，窗宽 $h$ 越小，较远的点得到的权重也就越小，即较小的窗宽 $h$ 表示只需取离 $x$ 很近的点来估计 $F(x)$，这时得到的估计偏差较小，但是由于使用的估计点较少使方差较大，使估计的概率密度函数 $\hat{f}_h(x)$ 起伏也较大。同理，当使用较大窗宽 $h$ 时，估计偏差较大，方差较小，使估计的概率密度函数 $\hat{f}_h(x)$ 较为平滑。

#### 5.3.1.2 核密度估计的判别准则

核密度估计 $f_h(x)$ 的偏差和方差：

$$\mathrm{Bias}\{\hat{f}_h(x)\}=E[\hat{f}_h(x)]-f(x)$$

$$\mathrm{Var}\{\hat{f}_h(x)\}=E[\hat{f}_h(x)]^2-[E\hat{f}_h(x)]^2$$

结合上式，核密度估计的偏差和方差由核函数 $K(x)$ 和窗宽 $h$ 共同决定。Hardle 指出核函数的选择并非核密度估计的重点。

通过泰勒级数对核密度估计的偏差与方差进行展开计算，可以得到

$$\begin{aligned}\mathrm{Bias}\{\hat{f}_h(x)\}&=E[\hat{f}_h(x)]-f(x)\\&=\int K(s)\{f(x+sh)-f(x)\}\mathrm{d}s\\&=\frac{h^2}{2}f''(x)\mu_2+o(h^2)\end{aligned}$$

式中，$\int s^n K(s)\mathrm{d}s$ 为 $K$ 的 $n$ 阶矩。

核密度估计方差可写为：

$$\begin{aligned}\mathrm{Var}\{\hat{f}_h(x)\}&=E[\hat{f}_h(x)]^2-[E\hat{f}_h(x)]^2\\&=\frac{R(K)}{nh}f(x)+o\left(\frac{1}{nh}\right)\end{aligned}$$

式中，$R(K)$ 为 $K^2$ 的积分。

核密度估计的偏差和误差随着 $h$ 的变化朝着不同的方向变化，$h$ 过大时会使估计曲线过平滑，$h$ 过小时估计曲线会变得欠平滑。通过上述分析可知，概率密度函数的估计结果对窗宽 $h$ 选择较为敏感，而对核函数的选择不敏感，因此本研究采用高斯核函数进行概率密度估计，并通过均方误差 MSE（Mean Squared Error）准则来选择窗宽。

高斯核函数：

$$K(x)=\frac{1}{\sqrt{2\pi}}\mathrm{e}^{-\frac{x^2}{2}}$$

MSE 准则要求在 $f_h(x)$ 估计 $f(x)$ 时尽量使 MSE 最小

$$\begin{aligned}\mathrm{MSE}&=E[\hat{f}_h(x)-f(x)]^2\\&=E[\hat{f}_h(x)]^2-[E\hat{f}_h(x)]^2+[E(\hat{f}_h(x))-f(x)]^2\\&=\mathrm{Var}\{\hat{f}_h(x)\}+[\mathrm{Bias}\{\hat{f}_h(x)\}]^2\end{aligned}$$

$$=o(h^4)+o\left(\frac{1}{nh}\right)$$

#### 5.3.1.3 窗宽的选择

在实际窗宽选择时，本章选用最小二乘交叉验证法（Least Squares Cross Validation，LSCV）来确定模型的最优窗宽。该方法是由 Rudemo 和 Bowman 提出的，利用该方法不需要对估计的核密度函数做任何假设，直接从实际数据出发即可得到最优窗宽，是计算最优窗宽最常用方法之一。其核心过程是找出最优的窗宽 $h_{\text{opt}}$，使核密度估计函数的估计量其积分平方差 ISE（Integrated Square Error）最小。

数学表示为：

$$h_{\text{opt}}=\arg\min_{h}\text{ISE}$$

其中

$$\text{ISE}=\int[\hat{f}_h(x)-f(x)]^2\,\mathrm{d}x$$
$$=\int\hat{f}_h^{\,2}(x)\mathrm{d}x+\int f^2(x)\mathrm{d}x-2\int\hat{f}_h(x)f(x)\mathrm{d}x$$

则

$$\arg\min_{h}\text{ISE}=\arg\min_{h}\left(\int\hat{f}_h^{\,2}(x)\mathrm{d}x-2\int\hat{f}_h(x)f(x)\mathrm{d}x\right)$$

公式中目标函数可分为两个部分（1）和（2）：

$$\begin{aligned}\int\hat{f}_h^{\,2}(x)\mathrm{d}x&=\frac{1}{n^2h}\sum_{j=1}^{n}\sum_{j=1}^{n}K\left(\frac{X_i-x}{h}\right)\cdot K\left(\frac{X_j-x}{h}\right)\mathrm{d}x\\&=\frac{1}{n^2h}\sum_{i=1}^{n}\sum_{j=1}^{n}K\times K\left(\frac{X_i-X_j}{h}\right)\end{aligned}\qquad(1)$$

式中，$K(u)$ 为高斯核函数，$K\times K(u)$ 为卷积计算公式：

$$K\times K(u)=\int_{-\infty}^{+\infty}K(u-t)K(t)\mathrm{d}t$$

$$\int\hat{f}_h(x)f(x)\mathrm{d}x=E(\hat{f}_h(x))\qquad(2)$$

$$=\frac{1}{h}\cdot\left[\frac{\sum_{i=1}^{n}\sum_{i=1}^{n}K\left(\frac{X_i-X_j}{h}\right)}{n(n-1)}-\frac{nK(0)}{n(n-1)}\right]$$

$$=\frac{1}{n(n-1)h}\sum_{i=1}^{n}\sum_{j=1,i\neq j}^{n}K\left(\frac{X_i-X_j}{h}\right)$$

故，最优窗宽计算公式为：

$$h_{\text{opt}}=\arg\min_{h}\frac{1}{n^2h}\sum_{i=1}^{n}\sum_{j=1}^{n}K\times K\left(\frac{X_i-X_j}{h}\right)-\frac{2}{n(n-1)h}\sum_{i=1}^{n}\sum_{j=1,i\neq j}^{n}K\left(\frac{X_i-X_j}{h}\right)$$

#### 5.3.1.4 $p$-分位数法农产品价格波动阈值的确定

在利用核密度估计计算出农产品价格波动的概率密度函数后，采用 $p$-分位数法对农产品价格波动的阈值进行测算。

$p$-分位数是指若某个 $X_p$ 被称为随机变量 $X$ 的 $p$-分位数，则随机变量 $X$ 取小于 $X_p$ 的概率为 $p$。

$$p=P(X<X_p)=\int_{-\infty}^{X_p}f(x)\mathrm{d}x$$

式中，$f(x)$ 为随机变量 $X$ 的概率密度函数，$X_p$ 为随机变量的 $p$-分位数。

在计算农产品月环比波动变量的预警阈值时，需要根据先验概率 $p$（即事先设定好的 $p$ 概率）和 1-$p$，计算出概率密度分布函数的 $p$-分位数和（1-$p$）-分位数，其中，$X_p$ 为下跌区间阈值，$X_{1-p}$ 为上涨区间阈值。

$$p=\int_{-\infty}^{X_p}\frac{1}{nh}\sum_{i=1}^{n}\frac{1}{\sqrt{2\pi}}\mathrm{e}^{-\frac{\left(\frac{X_i-x}{h}\right)^2}{2}}\mathrm{d}x$$

式中，$n$ 为环比价格波动样本容量，$h$ 为窗宽。

利用数值计算的方法对 $X_p$ 和 $X_{1-p}$ 进行求解，得出月度价格环比变化率的预警阈值。

### 5.3.2 识别区品种研究

根据本书前期的分析可知，蔬菜、水果、肉类的价格波动较为明显。本章选取蔬菜、水果、猪肉、牛肉、羊肉等多种品种进行研究。既对蔬菜总体进行研究，也对蔬菜品种中的白萝卜、菠菜、大白菜、茄子、四季豆、番茄进行研究。其中，本章的蔬菜（总体）包括白萝卜、菠菜、菜花、葱头、大白菜、大葱、大蒜、冬瓜、豆角、胡萝卜、黄瓜、韭菜、莲藕、南瓜、平菇、茄子、芹菜、青椒、生菜、生姜、土豆、莴笋、番茄、西葫芦、西兰花、香菇、卷心菜、油菜 28 个品种；水果主要包括西瓜、鸭梨、苹果、葡萄、香蕉、菠萝、柑橘 7 个品种。

## 5.3.3 识别区地域研究

农产品供求关系是影响市场价格变动的直接因素。农产品市场价格对产量变化敏感程度较强，农业生产的波动起伏大，将引起市场价格的剧烈波动，因此本书选择产量作为划分调控识别区的指标。

本章中蔬菜、水果、猪肉、牛肉、羊肉的产量数据来源于《中国统计年鉴》，数据区间为 2000—2015 年；白萝卜、菠菜、大白菜、茄子、四季豆、番茄的价格来源于《全国农业统计提要》，数据区间为 2008—2015 年，对各品种历年产量数据进行平均并汇总，主要产量见表 5-1。

**表 5-1 近年来主要农产品平均产量**

**Table 5-1 Average Production of Major Agricultural Products in Recent Years**

万吨

| 地区 | 蔬菜 | 白萝卜 | 菠菜 | 大白菜 | 茄子 | 四季豆 | 番茄 | 水果 | 猪肉 | 牛肉 | 羊肉 |
|---|---|---|---|---|---|---|---|---|---|---|---|
| 北京 | 205 | 1 | 10 | 56 | 13 | 7 | 29 | 108 | 27 | 3 | 2 |
| 天津 | 442 | 5 | 63 | 64 | 15 | 15 | 43 | 65 | 27 | 4 | 2 |
| 河北 | 8244 | 273 | 334 | 1851 | 295 | 231 | 667 | 1507 | 266 | 63 | 28 |
| 山西 | 1302 | 44 | 16 | 172 | 42 | 25 | 152 | 466 | 50 | 6 | 6 |
| 内蒙古 | 1445 | 32 | 18 | 258 | 44 | 24 | 155 | 211 | 74 | 39 | 72 |
| 辽宁 | 2933 | 119 | 49 | 772 | 240 | 73 | 311 | 601 | 193 | 38 | 7 |
| 吉林 | 860 | 66 | 21 | 366 | 42 | 32 | 50 | 221 | 109 | 43 | 4 |
| 黑龙江 | 957 | 16 | 11 | 296 | 36 | 36 | 43 | 299 | 106 | 34 | 10 |
| 上海 | 365 | 8 | 6 | 18 | 12 | 4 | 17 | 93 | 19 | 0 | 1 |
| 江苏 | 5596 | 207 | 136 | 672 | 172 | 94 | 218 | 679 | 214 | 4 | 11 |
| 浙江 | 1807 | 118 | 18 | 109 | 77 | 37 | 80 | 629 | 122 | 1 | 2 |
| 安徽 | 2714 | 162 | 92 | 249 | 103 | 44 | 127 | 755 | 223 | 23 | 14 |
| 福建 | 1904 | 121 | 34 | 171 | 50 | 52 | 60 | 613 | 133 | 2 | 2 |
| 江西 | 1359 | 153 | 38 | 165 | 47 | 29 | 18 | 415 | 197 | 10 | 1 |
| 山东 | 10273 | 286 | 283 | 1547 | 382 | 134 | 519 | 2582 | 347 | 71 | 33 |
| 河南 | 7457 | 608 | 227 | 844 | 317 | 168 | 526 | 1998 | 400 | 86 | 31 |
| 湖北 | 3852 | 396 | 108 | 492 | 125 | 97 | 115 | 706 | 266 | 17 | 7 |
| 湖南 | 3997 | 299 | 53 | 454 | 128 | 51 | 59 | 660 | 407 | 16 | 10 |
| 广东 | 3439 | 155 | 164 | 315 | 85 | 102 | 65 | 1116 | 252 | 6 | 1 |

续表 5-1

| 地区 | 蔬菜 | 白萝卜 | 菠菜 | 大白菜 | 茄子 | 四季豆 | 番茄 | 水果 | 猪肉 | 牛肉 | 羊肉 |
|---|---|---|---|---|---|---|---|---|---|---|---|
| 广西 | 2786 | 160 | 76 | 336 | 50 | 47 | 125 | 968 | 220 | 13 | 3 |
| 海南 | 572 | 9 | 4 | 10 | 20 | 13 | 6 | 298 | 36 | 2 | 1 |
| 重庆 | 1781 | 127 | 17 | 81 | 50 | 27 | 46 | 205 | 141 | 6 | 3 |
| 四川 | 4241 | 338 | 70 | 361 | 147 | 133 | 132 | 622 | 475 | 28 | 22 |
| 贵州 | 1732 | 112 | 29 | 347 | 31 | 34 | 66 | 117 | 137 | 11 | 4 |
| 云南 | 1874 | 132 | 23 | 313 | 28 | 34 | 49 | 335 | 233 | 25 | 11 |
| 西藏 | 70 | 6 | 2 | 5 | 0 | 0 | 1 | 1 | 1 | 13 | 8 |
| 陕西 | 1823 | 104 | 44 | 137 | 68 | 34 | 166 | 1204 | 74 | 8 | 7 |
| 甘肃 | 1823 | 76 | 23 | 183 | 77 | 8 | 147 | 401 | 47 | 14 | 14 |
| 青海 | 166 | 11 | 8 | 20 | 1 | 1 | 4 | 3 | 9 | 9 | 9 |
| 宁夏 | 576 | 15 | 5 | 41 | 21 | 8 | 82 | 160 | 8 | 6 | 7 |
| 新疆 | 1934 | 41 | 24 | 140 | 22 | 13 | 796 | 820 | 23 | 32 | 49 |

农产品价格存在地区差异，一般来说，主产区因为供给较为充足，且运输半径相对较小，因此价格相对较低；主销区因产品流通过程需要包装、仓储、运输等会产生一定成本费用，价格也相对较高。本研究采用统一的分区标准，将各省农产品产量平均值按从大到小的顺序进行排序，以各省区生产量的多少进行区域划分。因月度价格数据缺少海南省和西藏自治区，因此以下研究是针对其余 29 个省（自治区）开展的。具体分区原则是：第一区为产量排在前五位的省份，第二区为第 5～10 位的省份，第三区为第 11～15 位的省份，第四区为第 16～20 位，第五区为剩余省份。分区结果见表 5-2。

**表 5-2　主要农产品产量分区结果**

**Table 5-2　Area Division of Major Agricultural Products Yield**

| 项目 | 一区 | 二区 | 三区 | 四区 | 五区 |
|---|---|---|---|---|---|
| 蔬菜 | 山东、河北、河南、江苏、四川 | 湖北、湖南、广东、辽宁、广西 | 安徽、浙江、福建、新疆、内蒙古、云南 | 云南、江西、陕西、重庆、甘肃 | 贵州、黑龙江、山西、吉林、天津、上海、北京、宁夏、青海 |
| 白萝卜 | 河南、湖北、四川、湖南、山东 | 河北、江苏、安徽、广西、广东 | 江西、云南、重庆、福建、辽宁 | 浙江、贵州、陕西、甘肃、吉林 | 山西、新疆、内蒙古、黑龙江、宁夏、青海、上海、天津、北京 |

续表 5-2

| 项目 | 一区 | 二区 | 三区 | 四区 | 五区 |
| --- | --- | --- | --- | --- | --- |
| 菠菜[1] | 河北、山东、河南、广东、江苏 | 湖北、安徽、广西、四川、天津 | 湖南、辽宁、陕西、江西、福建 | 贵州、新疆、甘肃、云南、吉林 | 浙江、内蒙古、山西、黑龙江、北京、青海、上海、宁夏 |
| 大白菜 | 河北、山东、河南、辽宁、江苏 | 湖北、湖南、吉林、四川、贵州 | 广西、广东、云南、黑龙江、内蒙古 | 安徽、甘肃、山西、福建、江西 | 新疆、陕西、浙江、重庆、天津、北京、宁夏、青海、上海 |
| 茄子[2] | 山东、河南、河北、辽宁、江苏 | 四川、湖南、湖北、安徽、广东 | 甘肃、浙江、陕西、广西、福建 | 重庆、江西、内蒙古、吉林、山西 | 黑龙江、云南、新疆、宁夏、天津、北京、上海 |
| 四季豆 | 河北、河南、山东、四川、广东 | 湖北、江苏、辽宁、福建、湖南 | 广西、安徽、浙江、黑龙江、贵州 | 云南、陕西、吉林、江西、重庆 | 山西、内蒙古、天津、新疆、甘肃、宁夏、北京、上海、青海 |
| 番茄 | 新疆、河北、河南、山东、辽宁 | 江苏、陕西、内蒙古、山西、甘肃 | 四川、安徽、广西、湖北、宁夏 | 浙江、贵州、广东、福建、湖南 | 吉林、云南、重庆、天津、黑龙江、北京、江西、上海、青海 |
| 水果 | 山东、河南、河北、陕西、广东 | 广西、新疆、安徽、湖北、江苏 | 湖南、浙江、四川、福建、辽宁 | 山西、江西、甘肃、云南、黑龙江 | 吉林、内蒙古、重庆、宁夏、贵州、北京、上海、天津、青海 |
| 猪肉[3] | 四川、湖南、河南、山东、湖北 | 河北、云南、安徽、广西、江苏 | 辽宁、福建、浙江、陕西、内蒙古 | 陕西、甘肃、天津、北京、新疆、 | |
| 牛肉[4] | 河南、山东、河北、吉林、内蒙古 | 新疆、四川、安徽、湖北、湖南 | 甘肃、广西、青海、陕西、宁夏 | | |
| 羊肉[5] | 内蒙古、新疆、山东、河南、河北 | 四川、安徽、甘肃、江苏、湖南 | 青海、陕西、辽宁、宁夏、山西 | | |

注：1. 因菠菜月度价格缺少重庆数据，故重庆未计入菠菜分区内；

2. 因茄子月度价格缺少青海、贵州数据，故青海、贵州未计入茄子分区内；

3. 猪肉分为四区，共包括 20 个省份；

4. 牛肉分为三区，共包括 15 个省份；

5. 羊肉分为三区，共包括 15 个省份。

## 5.3.4　识别区值域研究

本研究中蔬菜（总体）及白萝卜、菠菜、大白菜、茄子、四季豆、番茄、水果、猪肉、牛肉、羊肉等 11 个品种原始价格数据来自农业部 29 个省份、522 个定点批发市场的月度价格，数据时间为 2000 年 1 月至 2015 年 12

月。针对 11 个品种，分别计算五大区所包含省份相同月份的价格平均值，作为 5 大区对应月份的区域价格，从而得出 5 大区 2000 年 1 月至 2015 年的区域月度价格（图 5-1 至图 5-6）。

绘制 5 大区的价格箱线图（图 5-1），对 11 个品种五大区价格进行四分位数、平均数、极值计算，分析价格变量的分布特征及趋势。将所有价格按大小顺序排列并分成四等份，处于三个分割点位置即为四分位数。第一四分位数（Q1），又称“下四分位数”或“较小四分位数”，是 192 个月度价格中由小到大排序后位于第 25% 的价格；依此类推，第二四分位数（Q2），又称“中位数”，是位于第 50% 的价格；第三四分位数（Q3），又称“上四分位数”或“较大四分位数”，是位于第 75% 的价格；四分位数间距 Q=Q3−Q1，用于描述偏态频数分布以及分布的一端或两端无确切数值的离散程度，其数值越大，变异度越大，反之，变异度越小。

从图 5-2 可以看出，白萝卜、大白菜、茄子、番茄、猪肉、牛肉 6 个品种，各区之间横向比较，随着地区产量的减少，区域价格基本呈现递增态势，四分位数间距也越来越大（即离散程度越高、价格波动越显著）；菠菜第三区价格离散程度较高，价格波动也最为剧烈，其余四区产量与区域价格基本呈反比关系；羊肉一区中位数、平均数、四分位间距均为最大值，由于羊肉产量高的省份一般也是羊肉消费大省，因此产量高的地区其价格弹性越大，价格变化幅度与离散程度也最高，二区和三区随产量的减少，中位数、平均数与极值都有所增大，价格也更为离散。

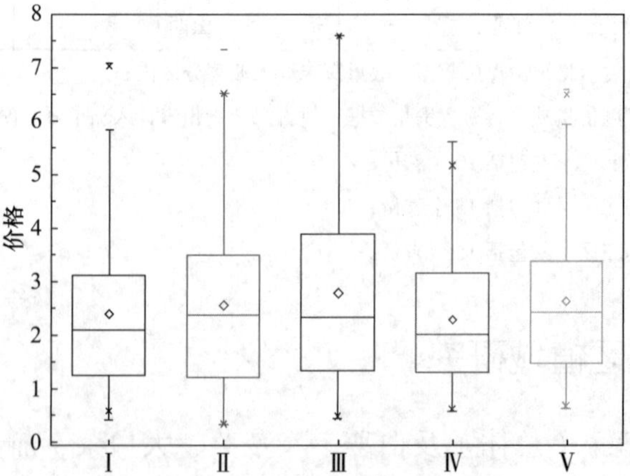


**图 5-1　蔬菜月度批发价格箱线图**

**Fig. 5-1　Monthly Vegetable Wholesale Price Boxplot**

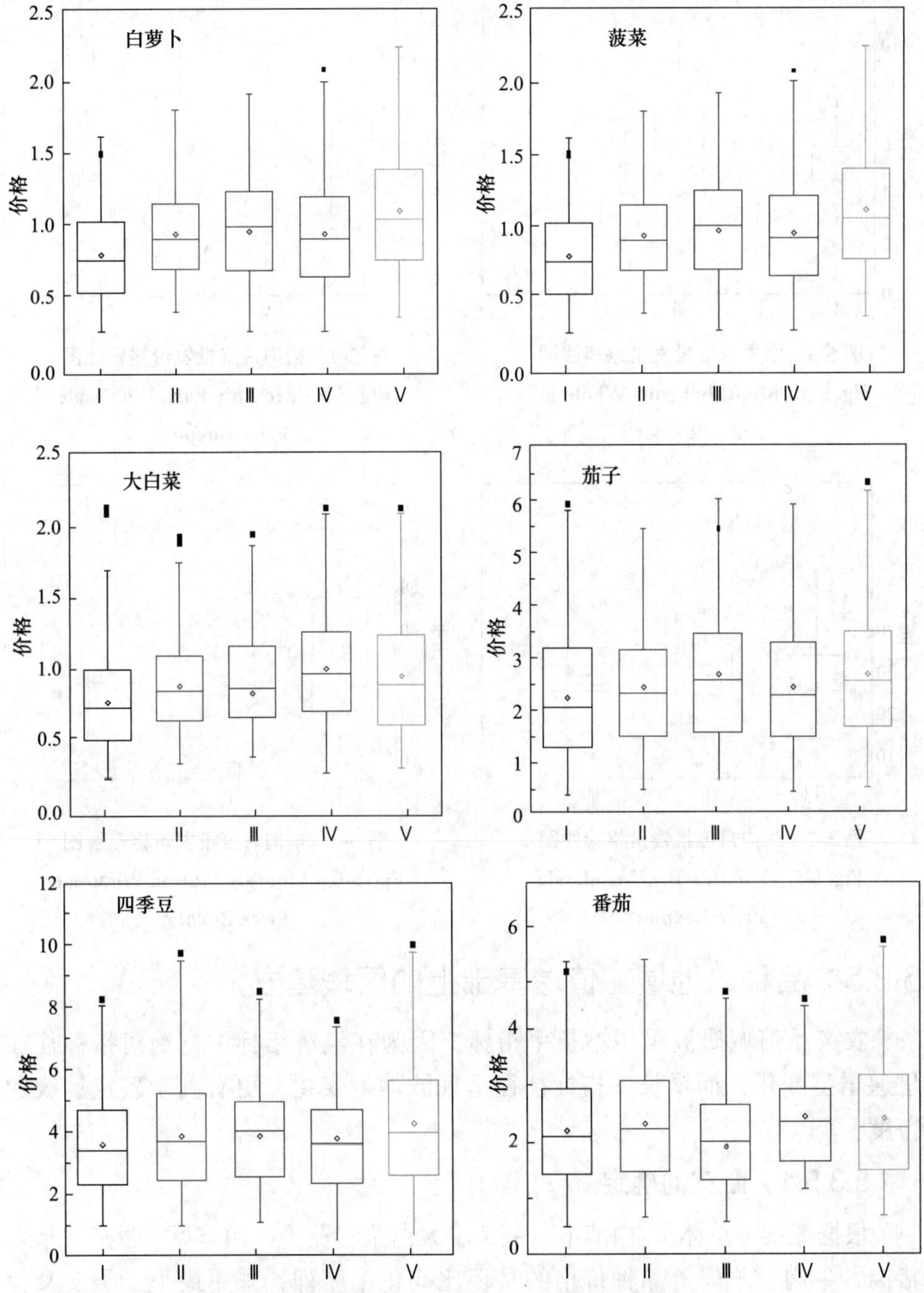


**图 5-2　主要蔬菜品种月度批发价格箱线图**

**Fig. 5-2　Monthly Wholesale Price Boxplot of Major Vegetable Products**

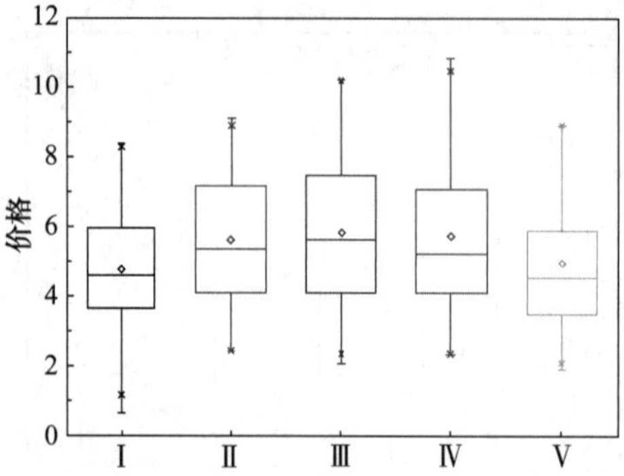


**图 5-3　水果月度批发价格箱线图**

**Fig. 5-3　Monthly Fruits Wholesale Price Boxplot**

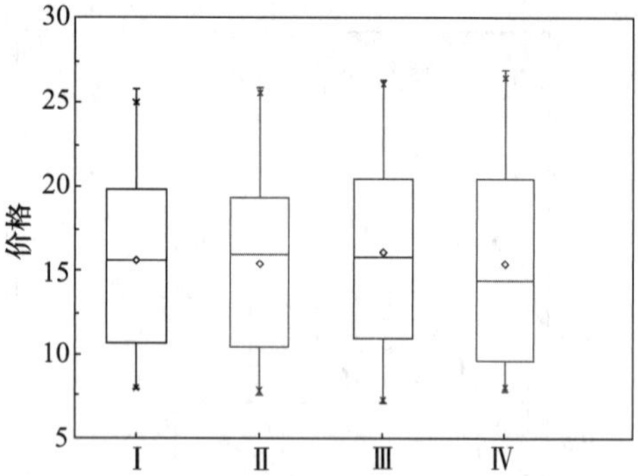


**图 5-4　猪肉月度批发价格箱线图**

**Fig. 5-4　Monthly Pork Wholesale Price Boxplot**

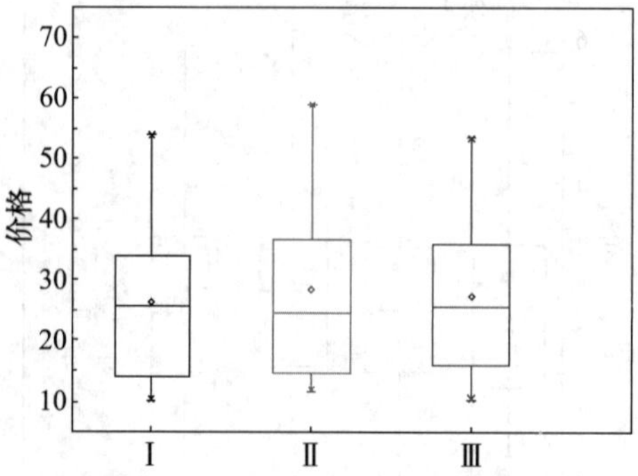


**图 5-5　牛肉月度批发价格箱线图**

**Fig. 5-5　Monthly Beef Wholesale Price Boxplot**

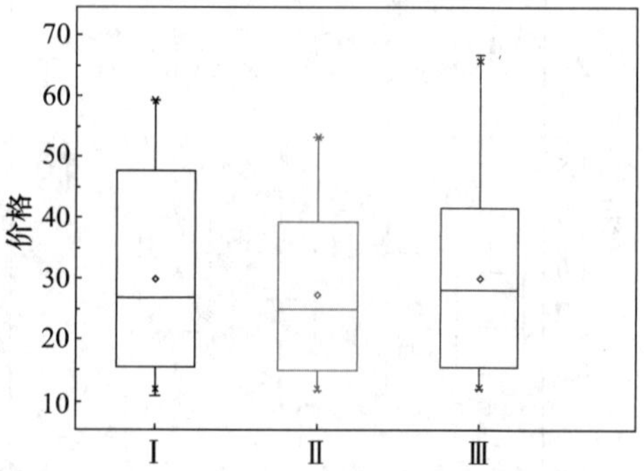


**图 5-6　羊肉月度批发价格箱线图**

**Fig. 5-6　Monthly Mutton Wholesale Price Boxplot**

## 5.3.5　品种、地域、值域基础上的区域建立

农产品值域研究采用增长率指标，因为在经济指标中，绝对指标往往呈递增型变化，而增长率指标往往呈现波动型变化，更有利于确定警线和警度。

### 5.3.5.1　窗宽的确定

根据蔬菜（总体）、白萝卜、菠菜、大白菜、茄子、四季豆、番茄、水果、猪肉、牛肉、羊肉等品种价格的月环比变化率序列，采用最小二乘交叉验证法（Least Squares Cross Validation，LSCV）来确定模型的最优窗宽，见表 5-3。

表 5-3 若干农产品各区域最优窗宽值

Table 5-3 Optimum Window-width of Several Agricultural Products in Different Areas

| 项目 | 一区 | 二区 | 三区 | 四区 | 五区 |
| --- | --- | --- | --- | --- | --- |
| 蔬菜 | 0.064 | 0.036 | 0.028 | 0.039 | 0.056 |
| 白萝卜 | 0.048 | 0.075 | 0.031 | 0.061 | 0.063 |
| 菠菜 | 0.156 | 0.123 | 0.109 | 0.062 | 0.124 |
| 大白菜 | 0.129 | 0.069 | 0.036 | 0.078 | 0.083 |
| 茄子 | 0.102 | 0.016 | 0.095 | 0.136 | 0.063 |
| 四季豆 | 0.065 | 0.065 | 0.104 | 0.076 | 0.117 |
| 番茄 | 0.037 | 0.107 | 0.094 | 0.018 | 0.015 |
| 水果 | 0.044 | 0.036 | 0.029 | 0.034 | 0.040 |
| 猪肉 | 0.020 | 0.014 | 0.019 | 0.014 | — |
| 牛肉 | 0.007 | 0.006 | 0.007 | — | — |
| 羊肉 | 0.007 | 0.013 | 0.006 | — | — |

### 5.3.5.2 概率密度函数与分布图

**1. 蔬菜（总体）概率密度函数特征**

根据蔬菜价格月环比变化率序列（191 个），采用非参数估计的核密度估计方法，对应各区的最优窗宽，得到蔬菜一区到五区的概率密度函数及分布图，如图 5-7 所示。

蔬菜一区：$\hat{f}_{0.064}(x)=\frac{1}{191\times0.064}\sum_{i=1}^{191}\frac{1}{\sqrt{2\pi}}e^{-\frac{1}{2}\left(\frac{X_i-x}{0.064}\right)^2}$

蔬菜二区：$\hat{f}_{0.036}(x)=\frac{1}{191\times0.036}\sum_{i=1}^{191}\frac{1}{\sqrt{2\pi}}e^{-\frac{1}{2}\left(\frac{X_i-x}{0.036}\right)^2}$

蔬菜三区：$\hat{f}_{0.039}(x)=\frac{1}{191\times0.039}\sum_{i=1}^{191}\frac{1}{\sqrt{2\pi}}e^{-\frac{1}{2}\left(\frac{X_i-x}{0.039}\right)^2}$

蔬菜四区：$\hat{f}_{0.064}(x)=\frac{1}{191\times0.064}\sum_{i=1}^{191}\frac{1}{\sqrt{2\pi}}e^{-\frac{1}{2}\left(\frac{X_i-x}{0.064}\right)^2}$

蔬菜五区：$\hat{f}_{0.056}(x)=\frac{1}{191\times0.056}\sum_{i=1}^{191}\frac{1}{\sqrt{2\pi}}e^{-\frac{1}{2}\left(\frac{X_i-x}{0.056}\right)^2}$

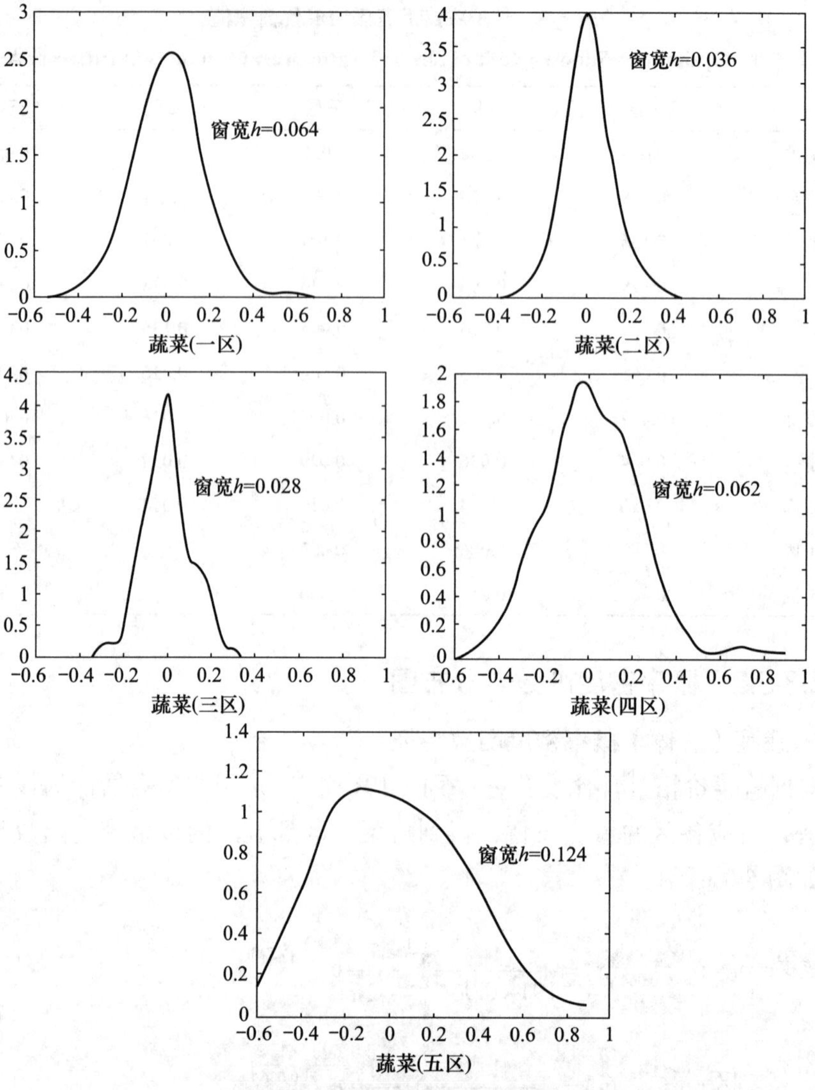


**图 5-7　蔬菜各区概率密度分布图**

**Fig. 5-7　Vegetable Probability Density Distribution in Different Areas**

本研究所分析的蔬菜（总体）为大白菜、菠菜、白萝卜等 28 种蔬菜的平均值。从分析看出，蔬菜五区（最低生产量产区）具有较大的 $h$ 值，蔬菜一区（最高产量产区）居于第二 $h$ 值，表明对蔬菜价格变化而言，蔬菜消费区价格变化是较大的，具有较大的窗宽，容易引起价格变化，以此规律设定价格波动识别区有利于反映价格变化实际规律。蔬菜产量最高的主产区也存在较大的窗宽，也意味着其价格变化较大，波动次数较多。

**2. 大白菜、番茄、茄子、四季豆、白萝卜、菠菜概率密度函数特征**

**大白菜**：根据大白菜价格月环比变化率序列，采用非参数估计的核密度估计方法，对应各区的最优窗宽，得到大白菜一区到五区的概率密度函数及分布图，如图 5-8 所示。

大白菜一区：$\hat{f}_{0.129}(x)=\dfrac{1}{191\times0.129}\sum\limits_{i=1}^{191}\dfrac{1}{\sqrt{2\pi}}e^{-\frac{1}{2}\left(\frac{X_i-x}{0.129}\right)^2}$

大白菜二区：$\hat{f}_{0.069}(x)=\dfrac{1}{191\times0.069}\sum\limits_{i=1}^{191}\dfrac{1}{\sqrt{2\pi}}e^{-\frac{1}{2}\left(\frac{X_i-x}{0.069}\right)^2}$

大白菜三区：$\hat{f}_{0.036}(x)=\dfrac{1}{191\times0.036}\sum\limits_{i=1}^{191}\dfrac{1}{\sqrt{2\pi}}e^{-\frac{1}{2}\left(\frac{X_i-x}{0.036}\right)^2}$

大白菜四区：$\hat{f}_{0.078}(x)=\dfrac{1}{191\times0.078}\sum\limits_{i=1}^{191}\dfrac{1}{\sqrt{2\pi}}e^{-\frac{1}{2}\left(\frac{X_i-x}{0.078}\right)^2}$

大白菜五区：$\hat{f}_{0.083}(x)=\dfrac{1}{191\times0.083}\sum\limits_{i=1}^{191}\dfrac{1}{\sqrt{2\pi}}e^{-\frac{1}{2}\left(\frac{X_i-x}{0.083}\right)^2}$

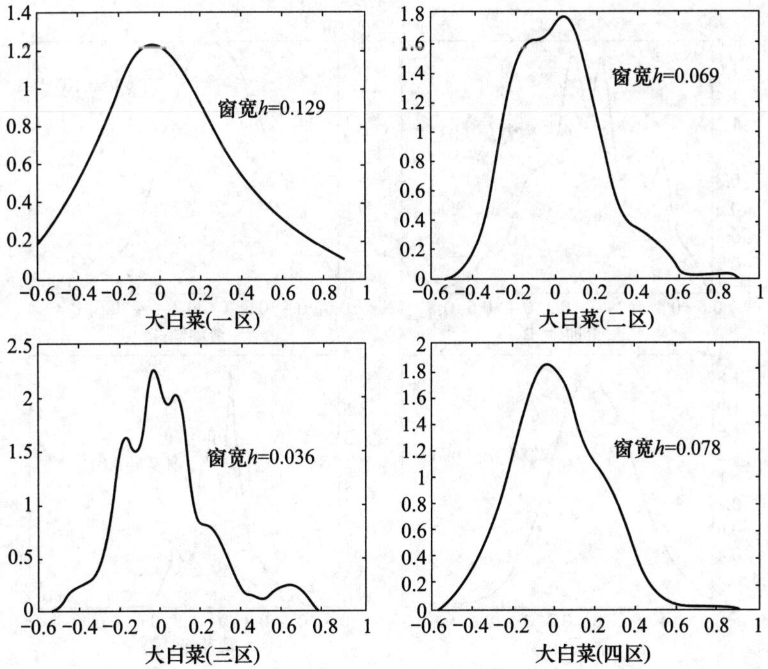

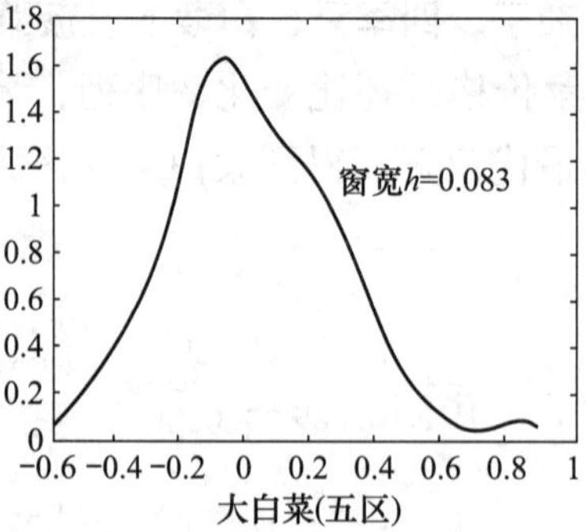


**图 5-8 大白菜各区概率密度分布图**

**Fig. 5-8 Chinese Cabbage Probability Density Distribution in Different Areas**

大白菜的高 $h$ 值出现在第一区，$h$ 值为 0.129，表明大白菜价格的较大波动率变化主要出现在主产区，生产量越大的地区其价格在月度间的变化越大。大白菜生产区的价格在过去 10 多年多次出现过极低的价格，识别区设置应在价格波动率上适当放宽。

**（1）番茄** 根据番茄价格月环比变化率序列，采用非参数估计的核密度估计方法，对应各区的最优窗宽，得到番茄一区到五区的概率密度函数及分布图，如图 5-9 所示。

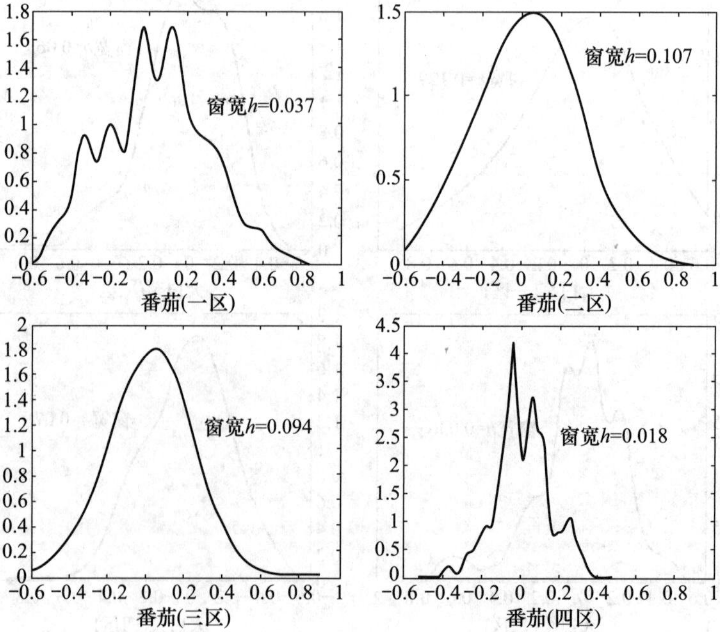

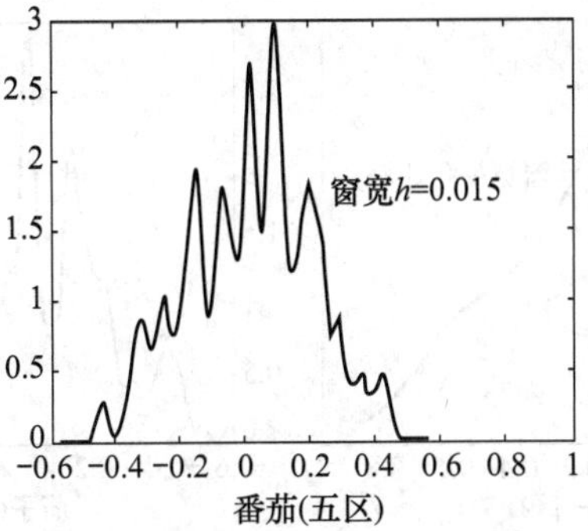


**图 5-9　番茄各区概率密度分布图**

**Fig. 5-9　Tomato Probability Density Distribution in Different Areas**

番茄一区：$\hat{f}_{0.037}(x)=\dfrac{1}{191\times0.037}\sum_{i=1}^{191}\dfrac{1}{\sqrt{2\pi}}e^{-\frac{1}{2}\left(\frac{X_i-x}{0.037}\right)^2}$

番茄二区：$\hat{f}_{0.107}(x)=\dfrac{1}{191\times0.107}\sum_{i=1}^{191}\dfrac{1}{\sqrt{2\pi}}\mathrm{e}^{-\frac{1}{2}\left(\frac{X_i-x}{0.107}\right)^2}$

番茄三区：$\hat{f}_{0.094}(x)=\dfrac{1}{191\times0.094}\sum_{i=1}^{191}\dfrac{1}{\sqrt{2\pi}}\mathrm{e}^{-\frac{1}{2}\left(\frac{X_i-x}{0.094}\right)^2}$

番茄四区：$\hat{f}_{0.018}(x)=\dfrac{1}{191\times0.018}\sum_{i=1}^{191}\dfrac{1}{\sqrt{2\pi}}\mathrm{e}^{-\frac{1}{2}\left(\frac{X_i-x}{0.018}\right)^2}$

番茄五区：$\hat{f}_{0.015}(x)=\dfrac{1}{191\times0.015}\sum_{i=1}^{191}\dfrac{1}{\sqrt{2\pi}}\mathrm{e}^{-\frac{1}{2}\left(\frac{X_i-x}{0.015}\right)^2}$

番茄最高 $h$ 值出现在番茄生产二区，没有明显的产区特征规律，该品种与茄子的 $h$ 值现象相当，表明以大棚等设施条件为主生产的产品，其价格波动率与主产主销区关系不及其他品种。

**（2）茄子**　根据茄子价格月环比变化率序列，采用非参数估计的核密度估计方法，对应各区的最优窗宽，得到茄子一区到五区的概率密度函数及分布图，如图 5-10 所示。

茄子一区：$\hat{f}_{0.102}(x)=\dfrac{1}{191\times0.102}\sum_{i=1}^{191}\dfrac{1}{\sqrt{2\pi}}\mathrm{e}^{-\frac{1}{2}\left(\frac{X_i-x}{0.102}\right)^2}$

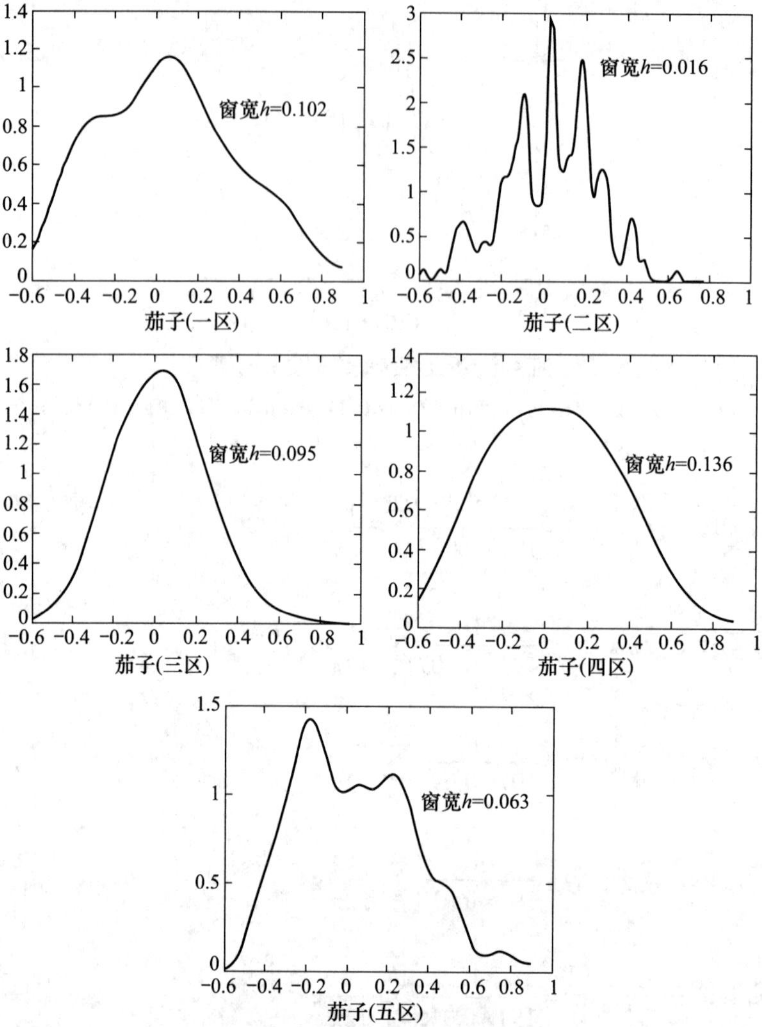


**图 5-10　茄子各区概率密度分布图**

**Fig. 5-10　Eggplant Probability Density Distribution in Different Areas**

茄子二区：$\hat{f}_{0.016}(x)=\dfrac{1}{191\times 0.016}\sum_{i=1}^{191}\dfrac{1}{\sqrt{2\pi}}\mathrm{e}^{-\frac{1}{2}\left(\frac{X_i-x}{0.016}\right)^2}$

茄子三区：$\hat{f}_{0.095}(x)=\dfrac{1}{191\times 0.095}\sum_{i=1}^{191}\dfrac{1}{\sqrt{2\pi}}\mathrm{e}^{-\frac{1}{2}\left(\frac{X_i-x}{0.095}\right)^2}$

茄子四区：$\hat{f}_{0.136}(x)=\dfrac{1}{191\times 0.136}\sum_{i=1}^{191}\dfrac{1}{\sqrt{2\pi}}\mathrm{e}^{-\frac{1}{2}\left(\frac{X_i-x}{0.136}\right)^2}$

茄子五区：$\hat{f}_{0.063}(x)=\dfrac{1}{191\times 0.063}\sum_{i=1}^{191}\dfrac{1}{\sqrt{2\pi}}\mathrm{e}^{-\frac{1}{2}\left(\frac{X_i-x}{0.063}\right)^2}$

茄子的价格波动率概率密度，其规律性不明确，这可能与该品种在主要收获季节与大棚栽培的集中上市、集中下市有关，可设定相应的价格波动率识别区。

**（3）四季豆** 根据四季豆价格月环比变化率序列，采用非参数估计的核密度估计方法，对应各区的最优窗宽，得到四季豆一区到五区的概率密度函数及分布图，如图 5-11 所示。

四季豆一区：$\hat{f}_{0.065}(x)=\dfrac{1}{191\times 0.065}\sum_{i=1}^{191}\dfrac{1}{\sqrt{2\pi}}\mathrm{e}^{-\frac{1}{2}\left(\frac{X_i-x}{0.065}\right)^2}$

四季豆二区：$\hat{f}_{0.065}(x)=\dfrac{1}{191\times 0.065}\sum_{i=1}^{191}\dfrac{1}{\sqrt{2\pi}}\mathrm{e}^{-\frac{1}{2}\left(\frac{X_i-x}{0.065}\right)^2}$

四季豆三区：$\hat{f}_{0.104}(x)=\dfrac{1}{191\times 0.104}\sum_{i=1}^{191}\dfrac{1}{\sqrt{2\pi}}\mathrm{e}^{-\frac{1}{2}\left(\frac{X_i-x}{0.104}\right)^2}$

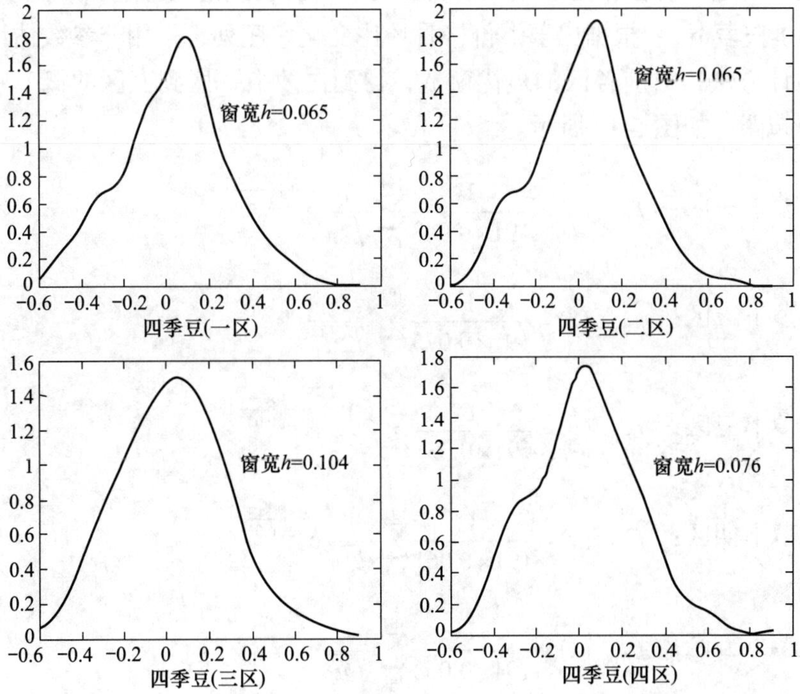

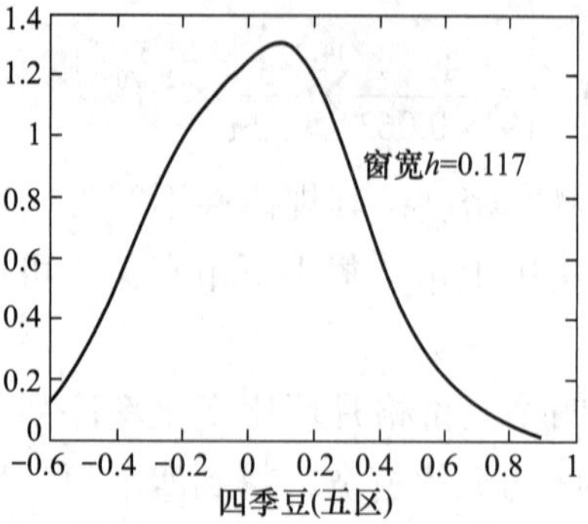


**图 5-11　四季豆各区概率密度分布图**

**Fig. 5-11　Green Bean Probability Density Distribution in Different Areas**

四季豆四区：$\hat{f}_{0.076}(x)=\frac{1}{191\times 0.076}\sum_{i=1}^{191}\frac{1}{\sqrt{2\pi}}e^{-\frac{1}{2}\left(\frac{X_i-x}{0.076}\right)^2}$

四季豆五区：$\hat{f}_{0.117}(x)=\frac{1}{191\times 0.117}\sum_{i=1}^{191}\frac{1}{\sqrt{2\pi}}e^{-\frac{1}{2}\left(\frac{X_i-x}{0.117}\right)^2}$

四季豆最高 $h$ 值在第五区，越是价格波动率大的越是在消费性强的地区，产量较大的地区价格相对稳定，消费区的价格识别区范围应适当放宽。

**（4）白萝卜**　根据白萝卜价格月环比变化率序列，采用非参数估计的核密度估计方法，对应各区的最优窗宽，得到白萝卜一区到五区的概率密度函数及分布图，如图 5-12 所示。

白萝卜一区：$\hat{f}_{0.048}(x)=\frac{1}{191\times 0.048}\sum_{i=1}^{191}\frac{1}{\sqrt{2\pi}}e^{-\frac{1}{2}\left(\frac{X_i-x}{0.048}\right)^2}$

白萝卜二区：$\hat{f}_{0.075}(x)=\frac{1}{191\times 0.075}\sum_{i=1}^{191}\frac{1}{\sqrt{2\pi}}e^{-\frac{1}{2}\left(\frac{X_i-x}{0.075}\right)^2}$

白萝卜三区：$\hat{f}_{0.031}(x)=\frac{1}{191\times 0.031}\sum_{i=1}^{191}\frac{1}{\sqrt{2\pi}}e^{-\frac{1}{2}\left(\frac{X_i-x}{0.031}\right)^2}$

白萝卜四区：$\hat{f}_{0.061}(x)=\frac{1}{191\times 0.061}\sum_{i=1}^{191}\frac{1}{\sqrt{2\pi}}e^{-\frac{1}{2}\left(\frac{X_i-x}{0.061}\right)^2}$

白萝卜五区：$\hat{f}_{0.063}(x)=\frac{1}{191\times 0.063}\sum_{i=1}^{191}\frac{1}{\sqrt{2\pi}}e^{-\frac{1}{2}\left(\frac{X_i-x}{0.063}\right)^2}$

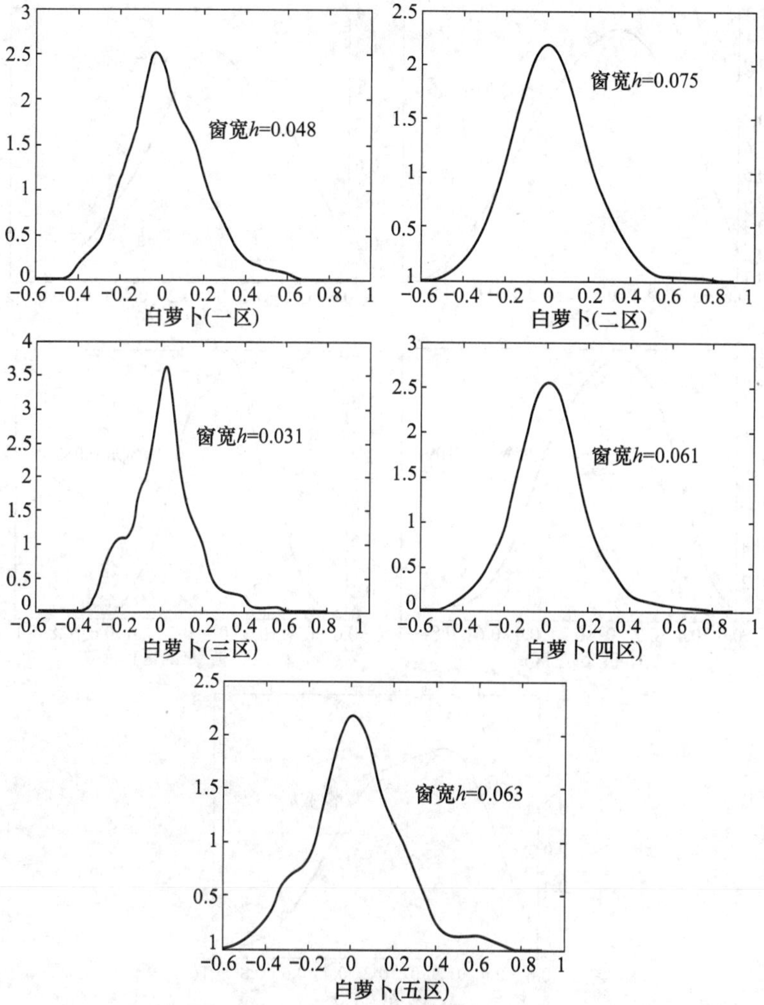


**图 5-12 白萝卜各区概率密度分布图**

**Fig. 5-12 White Radish Probability Density Distribution in Different Areas**

白萝卜 $h$ 值相对较小，表明该品种在过去 192 个月中价格相对稳定，$h$ 值为 0.031～0.075，其识别区的设定范围也应相对较小，以适应预警需要。

**（5）菠菜** 根据菠菜价格月环比变化率序列，采用非参数估计的核密度估计方法，对应各区的最优窗宽，得到菠菜一区到五区的概率密度函数及分布图，如图 5-13 所示。

菠菜一区：$\hat{f}_{0.156}(x)=\dfrac{1}{191\times 0.156}\sum\limits_{i=1}^{191}\dfrac{1}{\sqrt{2\pi}}\mathrm{e}^{-\frac{1}{2}\left(\frac{X_i-x}{0.156}\right)^2}$

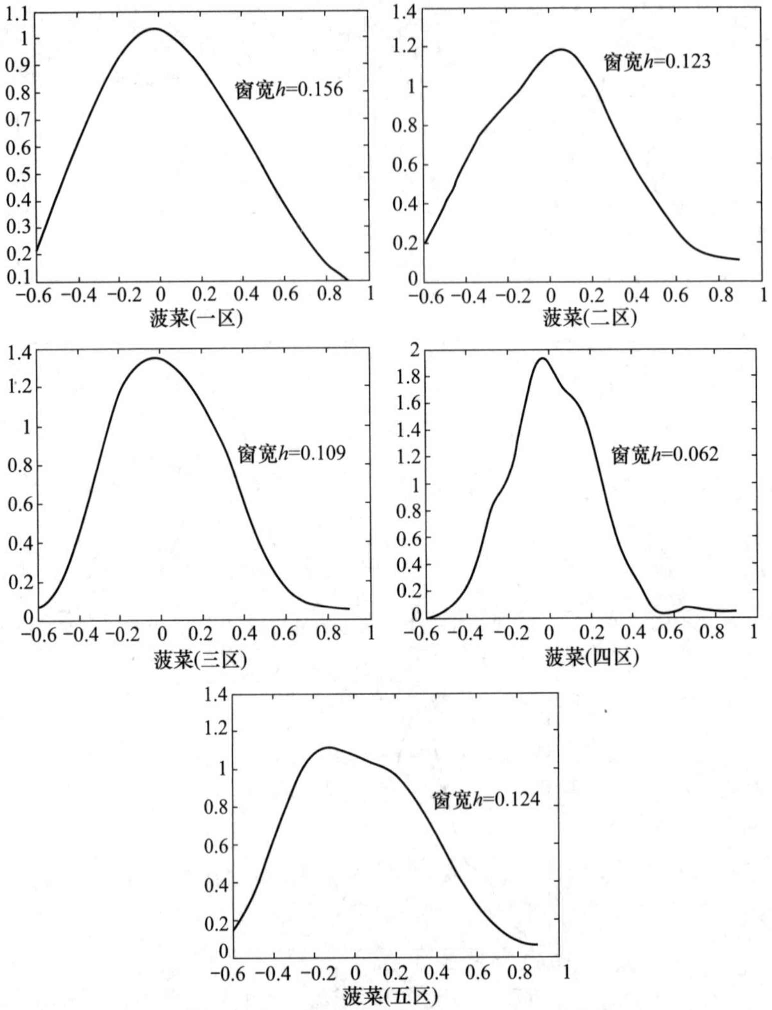


**图 5-13　菠菜各区概率密度分布图**

**Fig. 5-13　Spinach Probability Density Distribution in Different Areas**

菠菜二区：$\hat{f}_{0.123}(x)=\dfrac{1}{191\times 0.123}\sum_{i=1}^{191}\dfrac{1}{\sqrt{2\pi}}\mathrm{e}^{-\frac{1}{2}\left(\frac{X_i-x}{0.123}\right)^2}$

菠菜三区：$\hat{f}_{0.109}(x)=\dfrac{1}{191\times 0.109}\sum_{i=1}^{191}\dfrac{1}{\sqrt{2\pi}}\mathrm{e}^{-\frac{1}{2}\left(\frac{X_i-x}{0.109}\right)^2}$

菠菜四区：$\hat{f}_{0.062}(x)=\dfrac{1}{191\times 0.062}\sum_{i=1}^{191}\dfrac{1}{\sqrt{2\pi}}\mathrm{e}^{-\frac{1}{2}\left(\frac{X_i-x}{0.062}\right)^2}$

菠菜五区：$\hat{f}_{0.124}(x)=\dfrac{1}{191\times 0.124}\sum_{i=1}^{191}\dfrac{1}{\sqrt{2\pi}}\mathrm{e}^{-\frac{1}{2}\left(\frac{X_i-x}{0.124}\right)^2}$

菠菜是季节性较强的蔬菜产品，概率密度分布图表明，蔬菜 $h$ 值较大，价格波动较为频繁，产量最大的地区与产量最小的地区都易形成价格变化，在价格波动识别区设定时，应适当扩大其价格波动率差值，以利于波动识别区能够较好地测定未来价格变化的风险。

**3. 水果概率密度函数特征**

根据水果价格月环比变化率序列，采用非参数估计的核密度估计方法，对应各区的最优窗宽，得到水果一区到五区的概率密度函数及分布图，如图 5-14 所示。

水果一区：$\hat{f}_{0.044}(x)=\dfrac{1}{191\times 0.044}\sum_{i=1}^{191}\dfrac{1}{\sqrt{2\pi}}\mathrm{e}^{-\frac{1}{2}\left(\frac{X_i-x}{0.044}\right)^2}$

水果二区：$\hat{f}_{0.036}(x)=\dfrac{1}{191\times 0.036}\sum_{i=1}^{191}\dfrac{1}{\sqrt{2\pi}}\mathrm{e}^{-\frac{1}{2}\left(\frac{X_i-x}{0.036}\right)^2}$

水果三区：$\hat{f}_{0.029}(x)=\dfrac{1}{191\times 0.029}\sum_{i=1}^{191}\dfrac{1}{\sqrt{2\pi}}\mathrm{e}^{-\frac{1}{2}\left(\frac{X_i-x}{0.029}\right)^2}$

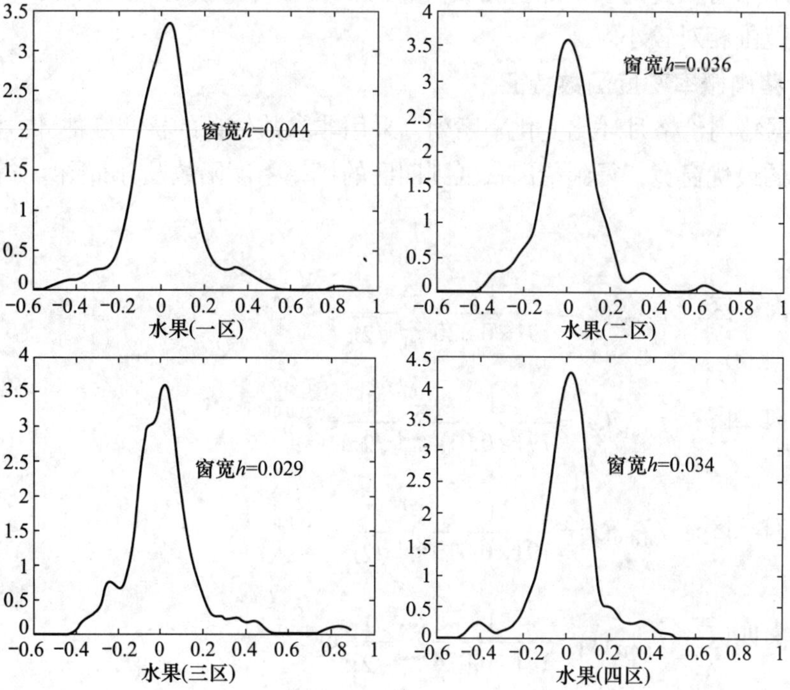

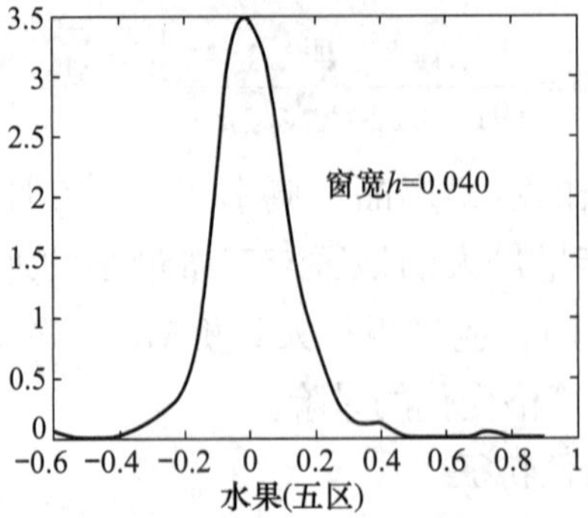


图 5-14 水果各区概率密度分布图

Fig. 5-14 Fruits Probability Density Distribution in Different Areas

水果四区：$\hat{f}_{0.034}(x)=\frac{1}{191\times 0.034}\sum_{i=1}^{191}\frac{1}{\sqrt{2\pi}}e^{-\frac{1}{2}\left(\frac{X_i-x}{0.034}\right)^2}$

水果五区：$\hat{f}_{0.040}(x)=\frac{1}{191\times 0.040}\sum_{i=1}^{191}\frac{1}{\sqrt{2\pi}}e^{-\frac{1}{2}\left(\frac{X_i-x}{0.040}\right)^2}$

水果总体上看，价格波动率没有蔬菜品种那么频繁，$h$ 值为 0.029～0.044，显示出水果有较宽的农产品价格波动率特征，在价格波动风险识别区设定时，其变化范围相对较小。

**4. 猪肉概率密度函数特征**

根据猪肉价格月环比变化率序列，采用非参数估计的核密度估计方法，对应各区的最优窗宽，得到猪肉一区到四区的概率密度函数及分布图，如图 5-15 所示。

猪肉一区：$\hat{f}_{0.020}(x)=\frac{1}{191\times 0.020}\sum_{i=1}^{191}\frac{1}{\sqrt{2\pi}}e^{-\frac{1}{2}\left(\frac{X_i-x}{0.020}\right)^2}$

猪肉二区：$\hat{f}_{0.014}(x)=\frac{1}{191\times 0.014}\sum_{i=1}^{191}\frac{1}{\sqrt{2\pi}}e^{-\frac{1}{2}\left(\frac{X_i-x}{0.014}\right)^2}$

猪肉三区：$\hat{f}_{0.019}(x)=\frac{1}{191\times 0.019}\sum_{i=1}^{191}\frac{1}{\sqrt{2\pi}}e^{-\frac{1}{2}\left(\frac{X_i-x}{0.019}\right)^2}$

猪肉四区：$\hat{f}_{0.014}(x)=\frac{1}{191\times 0.014}\sum_{i=1}^{191}\frac{1}{\sqrt{2\pi}}e^{-\frac{1}{2}\left(\frac{X_i-x}{0.014}\right)^2}$

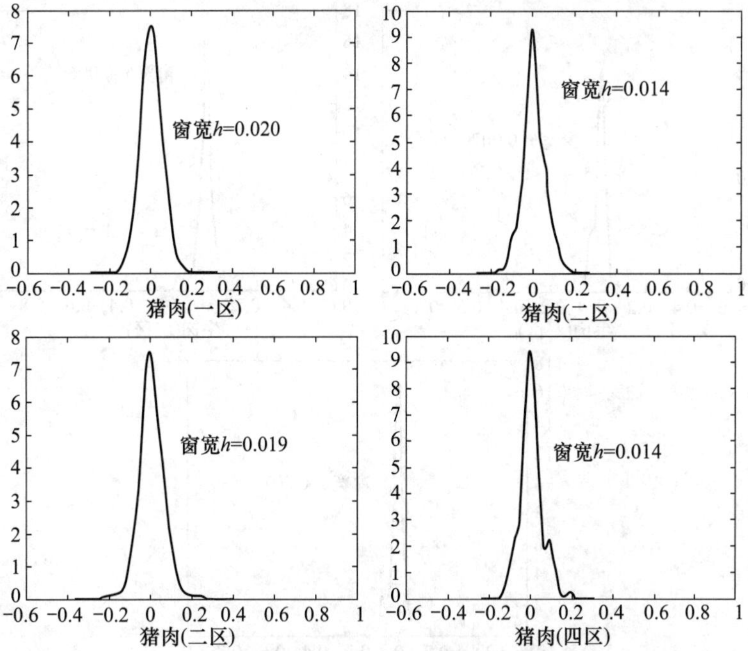


图 5-15　猪肉各区概率密度分布图

Fig. 5-15　Pork Probability Density Distribution in Different Areas

猪肉是畜产品中消费量最大的品种，过去 192 个月的数据分析表明，其价格波动率密度分布具有本产品特征，月度变化相对于蔬菜品种来讲相对较小。$h$ 值较小，为 0.014～0.020，在识别区设定时宜在较小范围内。

**5. 牛肉概率密度函数特征**

根据牛肉价格月环比变化率序列，采用非参数估计的核密度估计方法，对应各区的最优窗宽，得到牛肉一区到三区的概率密度函数及分布图，如图 5-16 所示。

牛肉一区：$\hat{f}_{0.007}(x)=\dfrac{1}{191\times 0.007}\sum_{i=1}^{191}\dfrac{1}{\sqrt{2\pi}}\mathrm{e}^{-\frac{1}{2}\left(\frac{X_i-x}{0.007}\right)^2}$

牛肉二区：$\hat{f}_{0.006}(x)=\dfrac{1}{191\times 0.006}\sum_{i=1}^{191}\dfrac{1}{\sqrt{2\pi}}\mathrm{e}^{-\frac{1}{2}\left(\frac{X_i-x}{0.006}\right)^2}$

牛肉三区：$\hat{f}_{0.007}(x)=\dfrac{1}{191\times 0.007}\sum_{i=1}^{191}\dfrac{1}{\sqrt{2\pi}}\mathrm{e}^{-\frac{1}{2}\left(\frac{X_i-x}{0.007}\right)^2}$

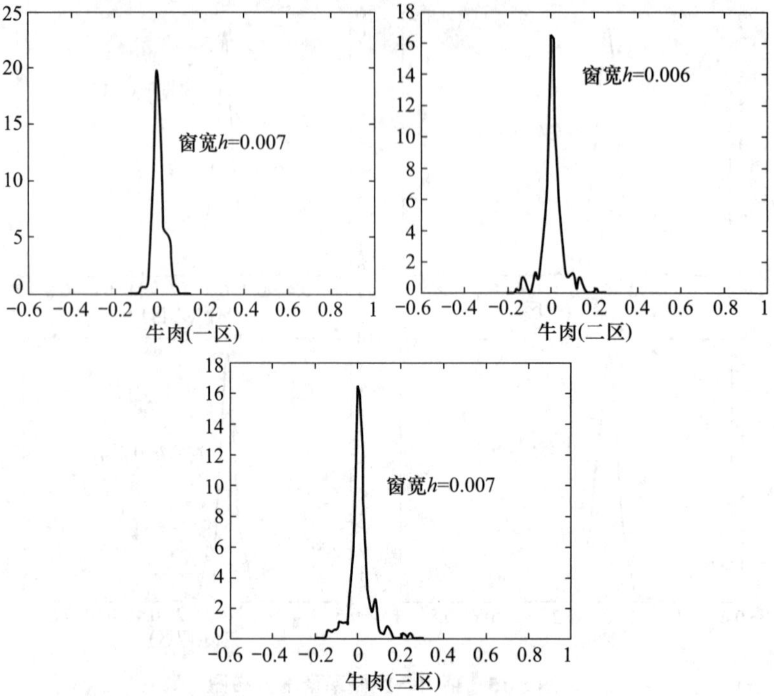


**图 5-16　牛肉各区概率密度分布图**

**Fig. 5-16　Beef Probability Density Distribution in Different Areas**

牛肉的 $h$ 值表明，牛肉月度价格波动率相对较小，这与此产品的生产与消费特征有关，$h$ 值在 0.006 以下，识别区设定范围相对较窄。

**6. 羊肉概率密度函数特征**

根据羊肉价格月环比变化率序列，采用非参数估计的核密度估计方法，对应各区的最优窗宽，得到羊肉一区到三区的概率密度函数及分布图，如图 5-17 所示。

羊肉一区：$\hat{f}_{0.007}(x)=\dfrac{1}{191\times0.007}\sum_{i=1}^{191}\dfrac{1}{\sqrt{2\pi}}\mathrm{e}^{-\frac{1}{2}\left(\frac{X_i-x}{0.007}\right)^2}$

羊肉二区：$\hat{f}_{0.013}(x)=\dfrac{1}{191\times0.013}\sum_{i=1}^{191}\dfrac{1}{\sqrt{2\pi}}\mathrm{e}^{-\frac{1}{2}\left(\frac{X_i-x}{0.013}\right)^2}$

羊肉三区：$\hat{f}_{0.006}(x)=\dfrac{1}{191\times0.006}\sum_{i=1}^{191}\dfrac{1}{\sqrt{2\pi}}\mathrm{e}^{-\frac{1}{2}\left(\frac{X_i-x}{0.006}\right)^2}$

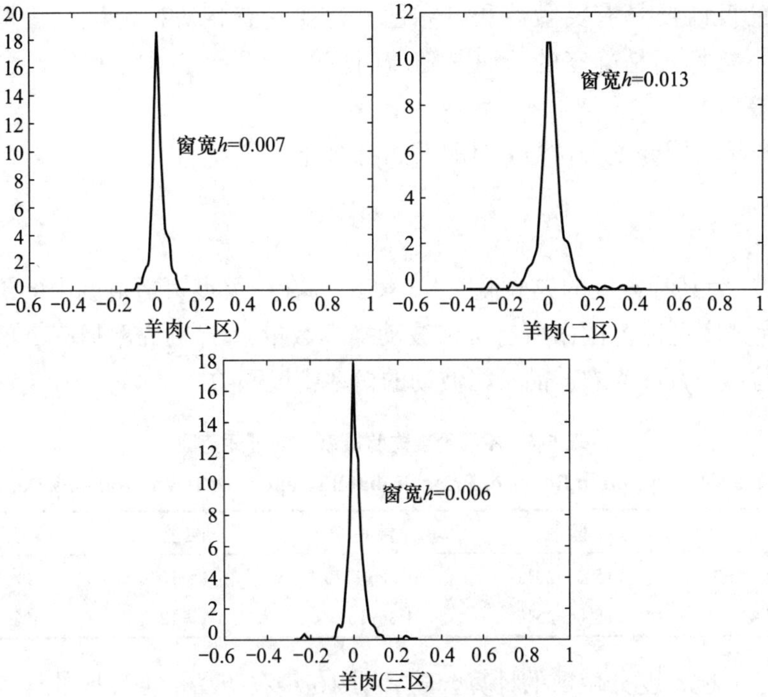


**图 5-17 羊肉各区概率密度分布图**

**Fig. 5-17 Mutton Probability Density Distribution in Different Areas**

羊肉的价格波动率特征与牛肉相似，波动率较小，产区销区之间差异较大，*h* 值较小，识别区的价格波动率设定也应相对范围较小才能有利于未来农产品价格识别区的准确应用。

#### 5.3.5.3 分区预警阈值设定

识别区将对主要农产品价格波动风险幅度的高低做出判断，用预警灯表示。将农产品价格月环比波动率按照由小到大分别设为：蓝色、黄色、橙色和红色四个预警级别，蓝灯表示波动微高，黄灯表示波动偏高，黄灯表示波动过高，红灯表示波动极高。

**（1）先验概率 *p* 的设置**。采用定性和定量相结合的方法对先验概率 *p* 进行设置，主要遵循以下原则：一是经济含义的重要性和全面性，根据上节分析，果蔬类产品与肉类产品概率密度分布图的收敛性明显不同，因此对不同类别农产品应设置不同的先验概率 *p*，同时一般来说随着区域产量的减少，对应的区域价格波动更加显著，因此不同区域先验概率 *p* 的设置也应有所不同（表 5-4）。二是指标的测度能力，预警灯对总体农产品市场价格变动的反映要具有灵敏性和可靠性，还要具有相对稳定性。三是指标的时效性，指标不是静态的，而是随着时间进行调整、补充和修改，以满足市场预警需要。

农产品不同警度分位数具体计算方法如下：

$$p^{(j)} = \int_{-\infty}^{\arg\min_h \sum_{i=1}^{n}(x_i - x^{(j)})^2} f(x)\mathrm{d}x$$

式中，$p^{(j)}$ 为某种警度的先验概率 $p$ 值，$x_i$ 为在该警度可适范围内的价格波动值，$n$ 为警度可适范围内所有价格波动样本数量，$x^{(j)}$ 为先验概率 $p$ 值对应的期望分位数，$f(x)$ 为农产品价格波动的概率密度函数。

**表 5-4　不同警度先验概率 $p$ 的可适范围**

**Table 5-4　Optimum Range of Prior Probability under Different Warning Degree**

| | 蓝色 | 黄色 | 橙色 | 红色 |
|---|---|---|---|---|
| 蔬菜水果类 | 15%～20% | 10%～15% | 5%～10% | 1%～5% |
| 肉类 | 15%～25% | 8%～15% | 5%～12% | 1%～10% |

通过上述警度分位数的计算公式，对 16 年农产品价格环比的样本数据进行计算，可得到蔬菜水果类产品和肉类产品不同警度的先验概率 $p$，具体数值见表 5-5 和表 5-6。

**表 5-5　蔬菜水果类产品不同警度先验概率 $p$ 的设置**

**Table 5-5　Prior Probability P of Vegetable and Fruit under Different Warning Degree**

| 区域 | 蓝色 | 黄色 | 橙色 | 红色 |
|---|---|---|---|---|
| 一区 | 17.0% | 12.0% | 7.0% | 4.0% |
| 二区 | 16.5% | 11.5% | 6.5% | 3.5% |
| 三区 | 16.0% | 11.0% | 6.0% | 3.0% |
| 四区 | 15.5% | 10.5% | 5.5% | 2.5% |
| 五区 | 15.0% | 10.0% | 5.0% | 2.0% |

**表 5-6　肉类产品不同警度先验概率 $p$ 的设置**

**Table 5-6　Prior Probability P of Meat under Different Warning Degree**

| 区域 | 蓝色 | 黄色 | 橙色 | 红色 |
|---|---|---|---|---|
| 一区 | 21.5% | 14.0% | 11.5% | 9.0% |
| 二区 | 20.0% | 12.5% | 10.0% | 7.5% |
| 三区 | 18.5% | 11.0% | 8.5% | 6.0% |
| 四区 | 17.0% | 9.5% | 7.0% | 4.5% |

根据上设先验概率 $p$ 可知，蔬菜水果类产品，触发蓝色警报的概率为 30%～34%，触发黄色警报的概率为 20%～24%；触发橙色警报的概率 10%～14%，触发红色警报的概率 4%～8%。肉类产品由于本身价格波动幅度相对较小，为使不同警度的阈值划分更加清晰，因此 $p$- 分位数值相对较大，触发蓝色警报的概率 34%～43%；触发黄色警报的概率 19%～28%；触发橙色警报的概率 14%～23%，触发红色警报的概率 9%～18%。

**（2）分区域预警阈值结果。**利用数值计算的方法，对概率密度函数中先验概率 $p$ 和 1-$p$ 对应的分位数 $X_p$ 和 $X_{1-p}$ 值进行求解，分位数 $X_p$ 为价格下跌区间阈值，分位数 $X_{1-p}$ 为价格上涨区间阈值，得出不同警度的预警阈值，即不同预警区间的月度价格波动幅度（图 5-18）。

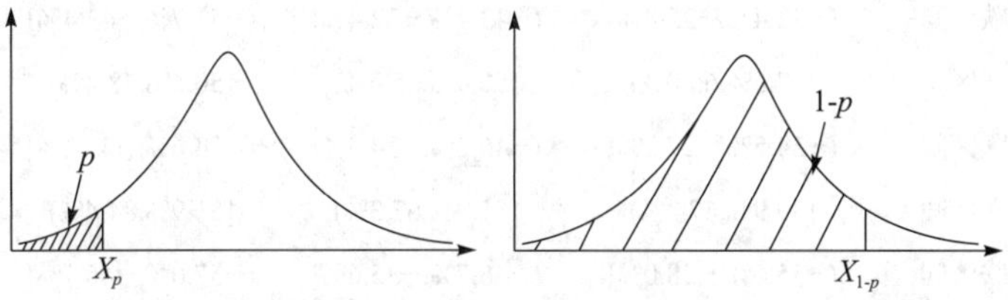


**图 5-18 *p*- 分位数法**

**Fig. 5-18 *p*-quantile Method**

根据蔬菜的概率密度函数，利用 $p$-分位数法，代入不同的先验概率 $p$ 和 1-$p$ 值，计算出不同区域、不同警度下蔬菜月度价格环比变化率的预警区间（表 5-7）。

**表 5-7 蔬菜分区域预警阈值**

**Table 5-7 Vegetable Early Warning Thresholds in Different Areas**

| 区域 | | 蓝色 | 黄色 | 橙色 | 红色 |
|---|---|---|---|---|---|
| 一区 | 下跌区间 | (−17.5%,−14.0%] | (−22.4%,−17.5%] | (−27.0%,−22.4%] | ≤−27.0% |
| | 上涨区间 | [16.4%,20.2%) | [20.2%,25.4%) | [25.4%,30.2%) | ≥30.2% |
| 二区 | 下跌区间 | (−16.7%,−13.6%] | (−21.5%,−16.7%] | (−26.5%,−21.5%] | ≤−26.5% |
| | 上涨区间 | [15.9%,19.6%) | [19.6%,24.8%) | [24.8%,29.8%) | ≥29.8% |
| 三区 | 下跌区间 | (−16.8%,−13.7%] | (−21.9%,−16.8%] | (−27.3%,−21.9%] | ≤−27.3% |
| | 上涨区间 | [16.1%,19.9%) | [19.9%,25.3%) | [25.3%,30.6%) | ≥30.6% |
| 四区 | 下跌区间 | (−17.6%,−14.2%] | (−23.0%,−17.6%] | (−29.1%,−23.0%] | ≤−29.1% |
| | 上涨区间 | [16.6%,20.6%) | [20.6%,26.3%) | [26.3%,32.2%) | ≥32.2% |
| 五区 | 下跌区间 | (−18.8%,−15.0%] | (−24.7%,−18.8%] | (−31.8%,−24.7%] | ≤−31.8% |
| | 上涨区间 | [17.5%,21.7%) | [21.7%,27.9%) | [27.9%,27.9%) | ≥35.3% |

根据大白菜的概率密度函数，利用 $p$-分位数法，计算出不同区域、不同警度下大白菜月度价格环比变化率的预警区间（表 5-8）。大白菜有较大的价格波动率变化特征，其预警区间宜大，较为有利于价格波动识别区的应用。

**表 5-8　大白菜分区域预警阈值**

**Table 5-8　Chinese Cabbage Early Warning Thresholds in Different Areas**

| 区域 | | 蓝色 | 黄色 | 橙色 | 红色 |
|---|---|---|---|---|---|
| 一区 | 下跌区间 | (−34.2%,−27.3%] | (−43.7%,−34.2%] | (−52.0%,−43.7%] | ≤−52.0% |
| | 上涨区间 | [38.9%,63.5%) | [49.2%,63.5%) | [49.2%,76.3%) | ≥76.3% |
| 二区 | 下跌区间 | (−32.6%,−25.8%] | (−42.5%,−32.6%] | (−50.8%,−42.5%] | ≤−50.8% |
| | 上涨区间 | [37.6%,63.6%) | [49.1%,63.6%) | [49.1%,76.3%) | ≥76.3% |
| 三区 | 下跌区间 | (−32.4%,−25.8%] | (−43.4%,−32.4%] | (−51.7%,−43.4%] | ≤−51.7% |
| | 上涨区间 | [37.6%,65.0%) | [50.4%,65.0%) | [50.4%,78.4%) | ≥78.4% |
| 四区 | 下跌区间 | (−34.5%,−27.2%] | (−45.2%,−34.5%] | (−54.6%,−45.2%] | ≤−54.6% |
| | 上涨区间 | [39.9%,67.3%) | [51.9%,67.3%) | [51.9%,84.4%) | ≥84.4% |
| 五区 | 下跌区间 | (−35.6%,−28.0%] | (−46.7%,−35.6%] | (−57.0%,−46.7%] | ≤−57.0% |
| | 上涨区间 | [41.1%,69.5%) | [53.3%,69.5%) | [53.3%,89.3%) | ≥89.3% |

根据番茄的概率密度函数，利用 $p$-分位数法，计算出不同区域、不同警度下番茄月度价格环比变化率的预警区间（表 5-9）。

**表 5-9　番茄分区域预警阈值**

**Table 5-9　Tomato Early Warning Thresholds in Different Areas**

| 区域 | | 蓝色 | 黄色 | 橙色 | 红色 |
|---|---|---|---|---|---|
| 一区 | 下跌区间 | (−30.9%,−24.3%] | (−36.5%,−30.9%] | (−41.5%,−36.5%] | ≤−41.5% |
| | 上涨区间 | [30.2%,36.0%) | [36.0%,43.4%) | [43.4%,51.4%) | ≥51.4% |
| 二区 | 下跌区间 | (−32.2%,−25.7%] | (−40.0%,−32.2%] | (−46.6%,−40.0%] | ≤−46.6% |
| | 上涨区间 | [32.1%,38.6%) | [38.6%,47.6%) | [47.6%,56.1%) | ≥56.1% |
| 三区 | 下跌区间 | (−32.5%,−26.1%] | (−40.3%,−32.5%] | (−47.0%,−40.3%] | ≤−47.0% |
| | 上涨区间 | [32.2%,38.8%) | [38.8%,48.0%) | [48.0%,57.2%) | ≥57.2% |
| 四区 | 下跌区间 | (−32.7%,−26.1%] | (−37.8%,−32.7%] | (−45.4%,−37.8%] | ≤−45.4% |
| | 上涨区间 | [31.9%,37.8%) | [37.8%,46.4%) | [46.4%,57.4%) | ≥57.4% |
| 五区 | 下跌区间 | (−33.2%,−27.5%] | (−38.4%,−33.2%] | (−47.0%,−38.4%] | ≤−47.0% |
| | 上涨区间 | [32.5%,38.4%) | [38.4%,47.6%) | [47.6%,59.7%) | ≥59.7% |

根据茄子的概率密度函数，利用 *p*-分位数法，计算出不同区域、不同警度下茄子月度价格环比变化率的预警区间（表 5-10）。茄子也是价格变化较大的品种，各预警区域值范围较大。

**表 5-10 茄子分区域预警阈值**

**Table 5-10 Eggplant Early Warning Thresholds in Different Areas**

| 区域 | | 蓝色 | 黄色 | 橙色 | 红色 |
|---|---|---|---|---|---|
| 一区 | 下跌区间 | (−36.8%,−30.7%] | (−43.9%,−36.8%] | (−49.4%,−43.9%] | ≤−49.4% |
| | 上涨区间 | [40.3%,49.5%) | [49.5%,60.3%) | [60.3%,68.7%) | ≥68.7% |
| 二区 | 下跌区间 | (−36.4%,−30.3%] | (−42.9%,−36.4%] | (−46.1%,−42.9%] | ≤−46.1% |
| | 上涨区间 | [39.8%,51.5%) | [51.5%,59.6%) | [59.6%,68.2%) | ≥68.2% |
| 三区 | 下跌区间 | (−38.0%,−31.9%] | (−45.2%,−38.0%] | (−51.3%,−45.2%] | ≤−51.3% |
| | 上涨区间 | [41.9%,51.5%) | [51.5%,62.6%) | [62.6%,72.0%) | ≥72.0% |
| 四区 | 下跌区间 | (−39.9%,−33.0%] | (−48.7%,−39.9%] | (−56.7%,−48.7%] | ≤−56.7% |
| | 上涨区间 | [43.7%,53.3%) | [53.3%,65.7%) | [65.7%,77.5%) | ≥77.5% |
| 五区 | 下跌区间 | (−38.7%,−32.8%] | (−45.5%,−38.7%] | (−51.2%,−45.5%] | ≤−51.2% |
| | 上涨区间 | [43.0%,53.5%) | [53.5%,64.0%) | [64.0%,74.7%) | ≥74.7% |

根据四季豆的概率密度函数，利用 *p*-分位数法，计算出不同区域、不同警度下四季豆月度价格环比变化率的预警区间（表 5-11）。四季豆具有明显的蔬菜产品特征，其预警区间值范围相对也较大。

**表 5-11 四季豆分区域预警阈值**

**Table 5-11 Green Bean Early Warning Thresholds in Different Areas**

| 区域 | | 蓝色 | 黄色 | 橙色 | 红色 |
|---|---|---|---|---|---|
| 一区 | 下跌区间 | (−28.5%,−21.6%] | (−36.3%,−28.5%] | (−42.7%,−36.3%] | ≤−42.7% |
| | 上涨区间 | [26.4%,32.4%) | [32.4%,40.5%) | [40.5%,48.1%) | ≥48.1% |
| 二区 | 下跌区间 | (−29.2%,−22.2%] | (−37.2%,−29.2%] | (−44.0%,−37.2%] | ≤−44.0% |
| | 上涨区间 | [26.9%,33.1%) | [33.1%,41.6%) | [41.6%,49.7%) | ≥49.7% |
| 三区 | 下跌区间 | (−30.8%,−23.9%] | (−39.8%,−30.8%] | (−47.6%,−39.8%] | ≤−47.6% |
| | 上涨区间 | [29.0%,35.3%) | [35.3%,44.5%) | [44.5%,53.4%) | ≥53.4% |
| 四区 | 下跌区间 | (−30.8%,−23.7%] | (−39.6%,−30.8%] | (−47.6%,−39.6%] | ≤−47.6% |
| | 上涨区间 | [28.4%,34.9%) | [34.9%,44.3%) | [44.3%,53.9%) | ≥53.9% |
| 五区 | 下跌区间 | (−32.8%,−25.6%] | (−42.8%,−32.8%] | (−52.5%,−42.8%] | ≤−52.5% |
| | 上涨区间 | [30.8%,37.6%) | [37.6%,47.8%) | [47.8%,58.8%) | ≥58.8% |

根据白萝卜的概率密度函数，利用*p*-分位数法，计算出不同区域、不同警度下白萝卜月度价格环比变化率的预警区间（表 5-12）。

**表 5-12　白萝卜分区域预警阈值**

**Table 5-12　White Radish Early Warning Thresholds in Different Areas**

| 区域 | | 蓝色 | 黄色 | 橙色 | 红色 |
|---|---|---|---|---|---|
| 一区 | 下跌区间 | (−18.8%,−15.0%] | (−23.8%,−18.8%] | (−28.5%,−23.8%] | ≤−28.5% |
| | 上涨区间 | [18.8%,23.6%) | [23.6%,30.2%) | [30.2%,36.8%) | ≥36.8% |
| 二区 | 下跌区间 | (−20.3%,−16.3%] | (−25.9%,−20.3%] | (−31.2%,−25.9%] | ≤−31.2% |
| | 上涨区间 | [20.2%,25.1%) | [25.1%,32.4%) | [32.4%,39.9%) | ≥39.9% |
| 三区 | 下跌区间 | (−19.2%,−15.5%] | (−24.2%,−19.2%] | (−30.5%,−24.2%] | ≤−30.5% |
| | 上涨区间 | [19.0%,24.5%) | [24.5%,31.2%) | [31.2%,40.1%) | ≥40.1% |
| 四区 | 下跌区间 | (−20.6%,−16.5%] | (−26.6%,−20.6%] | (−32.8%,−26.6%] | ≤−32.8% |
| | 上涨区间 | [20.5%,25.7%) | [25.7%,33.6%) | [33.6%,43.3%) | ≥43.3% |
| 五区 | 下跌区间 | (−21.2%,−16.9%] | (−27.5%,−21.2%] | (−34.5%,−27.5%] | ≤−34.5% |
| | 上涨区间 | [21.1%,26.4%) | [26.4%,34.9%) | [34.9%,46.2%) | ≥46.2% |

根据菠菜的概率密度函数，利用*p*-分位数法，计算出不同区域、不同警度下菠菜月度价格环比变化率的预警区间（表 5-13）。菠菜是价格波动最大的蔬菜品种之一，具有较大的阈值范围才能满足价格识别区应用需要。

**表 5-13　菠菜分区域预警阈值**

**Table 5-13　Spinach Early Warning Thresholds in Different Areas**

| 区域 | | 蓝色 | 黄色 | 橙色 | 红色 |
|---|---|---|---|---|---|
| 一区 | 下跌区间 | (−37.6%,−30.6%] | (−46.6%,−37.6%] | (−54.1%,−46.6%] | ≤−54.1% |
| | 上涨区间 | [42.8%,51.6%) | [51.6%,63.6%) | [63.6%,75.0%) | ≥75.0% |
| 二区 | 下跌区间 | (−37.1%,−30.3%] | (−45.6%,−37.1%] | (−52.8%,−45.6%] | ≤−52.8% |
| | 上涨区间 | [42.6%,51.3%) | [51.3%,63.2%) | [63.2%,75.5%) | ≥75.5% |
| 三区 | 下跌区间 | (−37.3%,−30.6%] | (−45.8%,−37.3%] | (−53.2%,−45.8%] | ≤−53.2% |
| | 上涨区间 | [43.0%,51.8%) | [51.8%,64.1%) | [64.1%,77.8%) | ≥77.8% |
| 四区 | 下跌区间 | (−36.8%,−30.7%] | (−44.6%,−36.8%] | (−51.9%,−44.6%] | ≤−51.9% |
| | 上涨区间 | [43.2%,51.5%) | [51.5%,63.3%) | [63.3%,80.1%) | ≥80.1% |
| 五区 | 下跌区间 | (−39.4%,−30.7%] | (−48.9%,−39.4%] | (−58.3%,−48.9%] | ≤−51.9% |
| | 上涨区间 | [45.0%,54.4%) | [54.4%,68.5%) | [68.5%,85.8%) | ≥85.8% |

根据水果的概率密度函数，利用$p$-分位数法，计算出不同区域、不同警度下水果月度价格环比变化率的预警区间（表 5-14）。水果预警阈值相对于蔬菜来说范围较小。

**表 5-14 水果分区域预警阈值**

**Table 5-14 Fruit Early Warning Thresholds in Different Areas**

| 区域 | | 蓝色 | 黄色 | 橙色 | 红色 |
|---|---|---|---|---|---|
| 一区 | 下跌区间 | (−13.8%,−10.7%] | (−19.1%,−13.8%] | (−26.9%,−19.1%] | ≤−26.9% |
| | 上涨区间 | [13.0%,16.2%) | [16.2%,22.3%) | [22.3%,32.1%) | ≥32.1% |
| 二区 | 下跌区间 | (−13.7%,−10.7%] | (−19.4%,−13.7%] | (−28.9%,−19.4%] | ≤−28.9% |
| | 上涨区间 | [12.9%,16.1%) | [16.1%,22.9%) | [22.9%,34.1%) | ≥34.1% |
| 三区 | 下跌区间 | (−13.7%,−10.8%] | (−20.2%,−13.7%] | (−30.8%,−20.2%] | ≤−30.8% |
| | 上涨区间 | [12.9%,16.0%) | [16.0%,23.9%) | [23.9%,35.7%) | ≥35.7% |
| 四区 | 下跌区间 | (−14.4%,−11.2%] | (−21.5%,−14.4%] | (−32.5%,−21.5%] | ≤−32.5% |
| | 上涨区间 | [13.3%,16.8%) | [16.8%,25.7%) | [25.7%,37.5%) | ≥37.5% |
| 五区 | 下跌区间 | (−15.2%,-11.7%] | (−23.2%,−15.2%] | (−34.8%,−23.2%] | ≤−34.8% |
| | 上涨区间 | [13.9%,17.7% | [17.7%,27.9%) | [27.9%,39.8%) | ≥39.8% |

根据猪肉的概率密度函数，利用$p$-分位数法，计算出不同区域、不同警度下猪肉月度价格环比变化率的预警区间（表 5-15）。

**表 5-15 猪肉分区域预警阈值**

**Table 5-15 Pork Early Warning Thresholds in Different Areas**

| 区域 | | 蓝色 | 黄色 | 橙色 | 红色 |
|---|---|---|---|---|---|
| 一区 | 下跌区间 | (−5.2%,−3.7%] | (−5.9%,−5.2%] | (−6.6%,−5.9%] | ≤−6.6% |
| | 上涨区间 | [4.9%,6.6%) | [6.6%,7.3%) | [7.3%,8.1%) | ≥8.1% |
| 二区 | 下跌区间 | (−5.3%,−3.8%] | (−6.0%,−5.3%] | (−6.8%,−6.0%] | ≤−6.8% |
| | 上涨区间 | [5.0%,6.9%) | [6.9%,7.6%) | [7.6%,8.4%) | ≥8.4% |
| 三区 | 下跌区间 | (−5.9%,−4.2%] | (−6.7%,−5.9%] | (−7.7%,−6.7%] | ≤−7.7% |
| | 上涨区间 | [5.5%,7.4%) | [7.4%,8.2%) | [8.2%,9.2%) | ≥9.2% |
| 四区 | 下跌区间 | (−6.2%,−4.4%] | (−7.0%,−6.2%] | (−8.3%,−7.0%] | ≤−8.3% |
| | 上涨区间 | [5.7%,7.8%) | [7.8%,8.6%) | [8.6%,9.5%) | ≥9.5% |

根据牛肉的概率密度函数，利用$p$-分位数法，计算出不同区域、不同警度下牛肉月度价格环比变化率的预警区间（表 5-16）。体现了牛肉主产区和

主销区月度价格变化较小，预警区间宜适当缩小。

表 5-16　牛肉分区域预警阈值

Table 5-16　Beef Early Warning Thresholds in Differenct Areas

| 区域 | | 蓝色 | 黄色 | 橙色 | 红色 |
|---|---|---|---|---|---|
| 一区 | 下跌区间 | (−1.7%,−1.1%] | (−2.0%,−1.7%] | (−2.3%,−2.0%] | ≤−2.3% |
| | 上涨区间 | [2.8%,4.2%) | [4.2%,4.6%) | [4.6%,5.1%) | ≥5.1% |
| 二区 | 下跌区间 | (−1.8%,−1.2%] | (−2.1%,−1.8%] | (−2.5%,−2.1%] | ≤−2.5% |
| | 上涨区间 | [3.0%,4.4%) | [4.4%,4.9%) | [4.9%,5.4%) | ≥5.4% |
| 三区 | 下跌区间 | (−2.0%,-1.3%] | (−2.4%,−2.0%] | (−2.9%,−2.4%] | ≤−2.9% |
| | 上涨区间 | [3.3%,4.7%) | [4.7%,5.2%) | [5.2%,5.7%) | ≥5.7% |

根据羊肉的概率密度函数，利用 $p$-分位数法，计算出不同区域、不同警度下羊肉月度价格环比变化率的预警区间（表 5-17）。体现了羊肉价格相对稳定，其预警阈值范围相对较小。

表 5-17　羊肉分区域预警阈值

Table 5-17　Mutton Early Warning Thresholds in Different Areas

| 区域 | | 蓝色 | 黄色 | 橙色 | 红色 |
|---|---|---|---|---|---|
| 一区 | 下跌区间 | (−1.9%,−1.2%] | (−2.2%,−1.9%] | (−2.7%,−2.2%] | ≤−2.7% |
| | 上涨区间 | [2.7%,3.9%) | [3.9%,4.6%) | [4.6%,5.3%) | ≥5.3% |
| 二区 | 下跌区间 | (−1.9%,−1.6%] | (−2.9%,−2.5%] | (−3.5%,−2.9%] | ≤−3.5% |
| | 上涨区间 | [3.1%,4.5%) | [4.5%,5.1%) | [5.1%,5.8%) | ≥5.8% |
| 三区 | 下跌区间 | (−1.9%,−1.4%] | (−2.7%,−2.2%] | (−3.7%,−2.7%] | ≤−3.7% |
| | 上涨区间 | [3.1%,4.7%) | [4.7%,5.4%) | [5.4%,6.0%) | ≥6.0% |

## 5.4　波动识别区的应用

### 5.4.1　在调控措施力度把控中的应用

农业政策是促进农业稳定健康发展的重要管理工具，农业政策涉及完善农产品市场经济发展的管理制度、农业收入分配制度、农业税收征管制度等方面，建立和运用价格、税收、信贷等经济杠杆来促进农产品生产，或从经济利益上诱导、协调和控制农业生产、经营、消费、市场管理各个环节等，这些都是农业政策和农业管理措施调控的重要内容。同时，农业调控措施也包括制定各项农业计划、规划等，使农业发展建立在具有可靠科学依据的基础之上，促进农产品生产发展更为有效地进行资源配置，弥补完全依靠市场配置资源存在的不足。在实践中，这些政策的应用具有具体调控措施的力度把握这一重要问题，也就是说，在不得不出台相关政策时，在政策措施调控内容的确定和调控力度的把握上也是有区别的。特别是农产品价格，主要由农产品市场因素来决定价格变化，调控政策的科学性更多的是在于精确和准确确定调控内容及其力度。农产品价格识别区的划设，是在我国农产品价格频繁变化和农产品价格变化风险分化的背景下进行研究的，识别区将用于及时识别农产品价格波动的根源，监视、分析和出台调整措施，观看市场走向，给政策调控力度的确定留出预警时间，保证农产降低政策调控带来的各种风险。本研究提出了蔬菜（总体）及白萝卜、菠菜、大白菜、茄子、四季豆、番茄、水果、猪肉、牛肉、羊肉等品种的价格波动概率分布的价格波动区间值，这些数值区间揭示了该品种在空间与时间上的价格风险"防火墙"，对于市场上的价格波动风险扩大和不明因素进行一个确定性识别，根据不同情况，及时采取识别、监视、处理措施，加以应对。划定农产品价格波动风险识别区域，有利于是将模糊界限清晰化，将复杂问题简单化。在应用中一是应用确定的各个品种变化影响因素设定调控措施的具体内容，只有在未来一定时期内对农产品价格会产生实际影响的内容才纳入调控措施；二是根据研究得出的各个品种价格波动概率分布情况来提出价格调控措施内容的多少及措施调控的力度，当农产品价格波动出现于识别区范围内时就应使用市场化调控措施进行引导；三是根据识别区中设定的风险防范目标责任制，确定调控的内容与调控力度。

### 5.4.2　政策调控时机选择中的识别区应用

在农业宏观调控上，很重要的就是政府要对农产品市场进行制度化管理，这是政府的重要职能。农业宏观调控的过程就是国家依据市场经济规律，去实现宏观层面的总体管理，包括农业市场管理，其目标是保持农产品市场持续、稳定、协调变化。运用调节手段，实现农业资源的优化配置，为农产品市场价格管理运行提供良好机制，使农产品市场运行得到均衡发展。政策调控除了调控措施选择之外，很重要的就是措施的调控时机把握。农业调控政策几乎都有调控政策的时滞期，无论是生产促进政策还是供给侧结构调控政策，政策的效应需要一个生产周期来适应，有时会应用有更长的效应时期，因此，政策调控过程中引入识别区的方法，在识别区中监测农产品市场价格变化动向，分析农产品价格波动风险趋势，将会显著提高政策调控的准确性的有效性。农产品价格调控识别区，其价格波动风险区间的定值范围，与其相应的区位条件识别、产品种类识别、生产能力条件识别、消费水平条件识别、季节时间识别等要素相关，不同要素所对应的措施出台最佳时间不同。农产品价格波动识别区用于农业宏观调控措施的出台时机上将关注调控措施的最佳时机。一是调控时机与各种识别条件相关，如生产周期长的品种，调控措施出台的时机除了溢出识别区之外需快速反应之外，一般出台的时间要更早一些，生产主产区的调控政策一般要超生产周期进行安排，对一个品种的安排，需要考虑相关品种的关联。二是调控时机与调控政策和手段的复杂程度相关，许多时候，政策调控往往采用综合性措施，效应时间长、作用机理复杂，利用农产品价格波动识别区方法将可以科学判定调控措施出台时间，大大提升调控政策的有效性。三是利用农产品价格波动调控识别区技术，可以在时间上更充分，有利于重叠区域、调控品种、调控内容中加强各方的沟通交流，在识别区内互相比较复杂情况，在会商基础上建立时间规则，共同管理市场，避免价格大起大落。

### 5.4.3 预警发布过程中的识别区应用

预警发布是一项技术性与综合性极强的工作。过去的农产品市场价格发布往往从一个触点激发起步的。但实际表明，农产品市场价格波动是极为多样化的，其风险也受农产品类型、农业市场整体，甚至于农产品市场之外因素的影响，建立的农产品价格波动识别区，将带动整个农产品市场价格的预警发布具有针对性、相互依存性。农产品价格波动识别区指的是基于农产品价格波动控制需要所划定的价格变动区间，从区间的前提条件来看，也可以理解为把农产品价格波动识别区看成为基于不同条件下的价格波动变化空间域。农产品价格波动识别区应用后，农产品市场预警发布的过程就会应用各个品种通行的规则进行，通过设立了价格波动识别区，才能通过系统化手段来减少预警发布过程中的品种之间的信息碎片化状态，避免预警过程中信息冲突的处理困难和真实有效性的结论的发布。应用农产品价格波动识别区，将预警过程中的警情发现、警兆识别变成一个系统性监测与预警的过程，具有多方面的先进性。一是将预警由经常性的单向过程，转变为反复优化的过程，运用和引入价格波动识别区，使得预警有了更加完善的阈值范围，以增强预警信息的可靠性。二是农产品价格波动识别区范畴公布出来，有利于社会各方了解价格风险的基本来源，以增加预警的实际意义，增加预警信息的应用性。三是有利于减少农产品价格预警中工作量结构的调整，过去预警过程中大量的人工用在收集数据与数据处理方面，没有太多的进行预警内容的分享，未来会用农产品价格波动识别区来判定监测预警分析重点与方向。

### 5.4.4 信息监测预警系统中的识别区应用

随着农业信息技术的不断加快发展和现代农业建设的推进，农产品市场的信息监测、分析、预警工作面临新的挑战。农业信息监测预警的基本过程，首先是采集数据，即利用多种方法和手段，获取农产品市场变化过程中的信息，包括农产品市场价格数据，其次是分析数据，应用常规的数据统计学方法、计量经济学方法、智能数据处理方法等对数据进行有效和及时的处理，以得出研究结论。在得出相关研究结论后，如何科学合理地用好分析结论十分关键。我国有关农业科研团队近年来大力发展农业分析系统，用计算机及互联网技术方法进行农业信息分析应用。在农业监测预警中，比较成熟并已在多年的中国农业展望报告起草与分析过程中应用到的“中国农业监测预警系统（CAMES）”，包括了生产、消费、价格多方面应用与水稻、小麦、玉米等多个品种，具有监测分析与预测预警功能。过去的预警结果大多是基于一个品种而发布的，且预警触发点比较简单。应用农产品市场价格波动识别区后将大大增强预警系统的科学性，特别是可以通过识别区的范畴设定，进行多品种的联合分析效应聚合，加强农产品市场信息分析研究的准确性，针对农业生产经营中的不同生产经营对象、不同用户需要，来提供个性化、精准化、即时化、智能化的信息服务。另外，在系统设计过程中可建立多品种分析的联动机制，并根据识别区的品种、时间、地区、产业特性等待条件，建立智能化选择与匹配，大大增强农产品价格分析预测的准确性，增强农产品价格预警内容的丰富性和结论的专业性。通过建立农产品平衡表制度和农业展望制度形成年度、季度、月度、周度的农产品供需展望报告，并以固定时间、固定程序、固定形式对外发布，不仅能够有效引导市场预期，更能为政府部门掌握农产品生产、流通、消费、贸易等变化并进行农产品市场有效调控提供重要的决策支撑依据。

# 第6章 农产品价格波动调控政策建议

Chapter 6

新中国成立后，特别是改革开放以后，我国加强了农业基础地位的战略定位选择力度和农业政策调控力度，农业生产能力提升，农产品市场稳定的基础明显增强。同时，连续15年中央一号文件的出台和相关措施的落实，已经建立了较为完善的农产品市场宏观调控体系，国家农产品支持与调控能力有所增强。近几年，我国也有较强的粮、肉、菜等主要农产品生产能力，对农产品进出口调控也有了一定的条件与手段。

建立健全农产品价格波动调控机制，对农产品价格稳定、保障农产品供需具有重要影响。农产品价格波动调控机制的建立需要从多个方面完成，如实施补贴措施、完善储备制度、强化贸易战略、拓展金融支持、健全监测预警机制等。更重要的是，我国农产品类型多样，生产、流通、消费的背景和规律不同，应建立和完善新形势下我国不同农产品市场价格调控分类机制，适应农产品供需宏观经济形势和农产品消费的新变化、新特点，针对不同品种类型农产品特征，进行市场监测预警分析，完善市场价格调控机制，转变不同类型农产品生产指导和市场调控方式，促进农产品市场的健康和稳定。

## 6.1 粮棉油等大宗农产品调控政策

粮棉油等大宗农产品生产量大、与居民基本营养需求保障的关系密切，国际农产品市场关联度高，是我国农产品安全的重要组成部分，同时，这类产品的生产受自然环境条件影响大，生产保护难，涉及生产主体数量多、影响面广，因此粮棉油等大宗农产品需要国家采取强有力的政策措施，以保护农民生产积极性为政策调控的重要目标，加强产品结构调整，实行优质优价，同时要发挥市场调控作用与市场资源配置能力，使大宗农产品价格更好地围绕市场需求来组织生产，扩大农产品的有效供给，增强供给结构的合理性和适应性。

**（1）采取积极政策，充分释放市场信号，促进大宗农产品有效供给，以保障市场价格相对稳定。**大宗农产品综合生产能力提升是农产品价格稳定的基础。确保粮食、棉花、油料等农产品的稳定发展，是维持农产品市场价格基本平稳的重要基础，尤其是粮食价格，对于稳定整个农产品市场发挥着决定性作用。尽管随着居民生活水平的逐步提高和膳食结构的不断改善，食品总量消费中粮食消费所占比重逐年降低，但粮油价格变动对其他农产品价格的基础作用仍然是明显的。2004 年以来，我国粮食生产实行补贴和托市收购政策，在生产促进政策和市场价格补贴政策的激励下，粮食生产连续 12 年增产，粮食价格政策对保持粮价稳定起到了重要作用。至 2015 年，我国大米生产量 1.46 亿吨，小麦生产量 1.30 亿吨，玉米生产量 2.25 亿吨，生产能力达到了空前的程度。但同时也出现了粮食生产量增加、进口量增加、库存增加的"三高"现象，受国内外主要农产品价差的影响，国内农产品价格偏高的压力增大，去库存任务艰巨。

在农产品价格可能存在着轮番上涨的背景下，国内粮食价格政策进行了有益的调整。粮油价格信息对农产品市场价格预期的形成具有重要的影响，客观、理性的信息将有助于发挥价格调节供求关系的作用，来促进粮油价格维持稳定于合理水平范围；而不可靠的信息则会放大粮油价格波动。目前，我国粮油市场信息发布主体较多，个别经营者还利用非主流媒体传播粮油市场不实信息。因此，要规范粮油市场的信息发布，坚决杜绝粮油市场不实信息传播乱象。应借鉴发达国家做法，健全法律法规，国家权威部门应定期发布粮油等重点农产品的市场供求信息。随着粮油市场的变化，市场占有率大的企业和大型农产品市场对价格的影响在逐渐增大，要加强对大型食品加工龙头企业市场行为的有效监管，促进粮油市场及粮油价格的长期持续向好。

**（2）继续支持粮食等大宗农产品产业能力建设，防范农业生产不利因素影响，以保障农产品供给的稳定性。**目前，我国部分农产品价格高于国际市场价格。历史经验表明，农产品价格上涨往往是先从粮食开始，然后传导到棉花、油料、肉蛋奶等产品上，而现状中农产品价格上涨则是先从肉类、油料、蔬菜等产品开始的，最后蔓延到所有其他农产品。同时，农产品价格上涨，主要是成本推动造成的。我国农产品价格上涨主要是生产规模偏小、规模效益不高、人力成本提高引起的，因此农业政策要继续实施对粮食等大宗农产品生产支持政策，在粮食、棉花、油料生产方面需要继续加大基础设施建设、农业科技支持力度、农产品生产公共基础设施建设投入，以支持大宗农产品生产，还应该支持糖料、肉类等农产品的生产能力建设，政策重点要放在降低生产成本和提供公共服务方面，对一些产品生产资料进行一定的价格补贴。要采取有效的政策手段，加强基础条件建设，加大对科技支撑、疫病疫情防治的投入力度，特别是要加强对农业自然灾害如水灾、旱灾、风灾、暴雪、暴雨、洪涝、台风等自然灾害防范能力的建设，保障农产品产量的稳定性，以确保农产品市场价格的长期稳定。我国还应加大政府对农产品生产公共服务能力建设，在动植物疫病虫害防治、基础设施建设、农民技术培训、农业信息进村入户服务等方面为农产品提供生产支持，中央政府和各级政府应该在财力、物力和人力上，继续增加对大宗农产品生产的公共服务。

**（3）完善农业支持政策，保护大宗农产品生产者的积极性，防止主要农产品价格出现大的波动。**为了防止粮食等大宗农产品生产极性下降、抵御自然灾害能力不足、农业比较效益提高缓慢等，经过 10 多年的时间，我国逐步建立了国内农业支持政策体系，如最低收购价和粮油托市收购。通过政策的长期实施，政策效果比较明显，提高了种粮农民的积极性，确保了国家粮食生产的安全，生产量明显提升，粮食生产连续 12 年增长形成了我国历史上最高粮食生产量新阶段。但是，随着国际国内两个市场联动性不断增强，国内一些托市收购的农产品价格要高于国际农产品价格，农产品进口增加，从长远看会引起产业发展受阻，同时国家财政支持负担加大，持续发展受到影响。因此，需要从以下三个方面完善农业补贴政策和农产品托市收购政策，以应对农业发展面临的问题：一是要继续完善农业补贴政策和农产品托市收购政策的内容，加强政策出台时机的研究；二是要创造条件将补贴政策和托市收购政策结合起来，构建完整的农产品价格调控机制，以满足国家宏观调控需要；三是加强政策实施、执行、效果评价的实际工作，提高工作质量，提高地方政策执行的能力和水平，动态分析农业补贴力度和农产品托市收购价格水平。

要科学制定政策调控的方法与策略，增加政策的科学性和预见性，运用价格波动识别区方法建立政策调控时间、力度把控的政策措施体系，注意政策的效应模拟与分析，防止出现大宗农产品价格忽高忽低现象的发生，避免大宗农产品生产者积极性的不正常下降，保障主要农产品特别是粮食生产者的合理收益，推动农业产业进一步健康发展。

**（4）做好主要品种的国内支持政策与进出口措施相结合的政策体系，以稳定大宗农产品的市场价格。**分析表明，我国粮食在近年的实践中出现了三量齐增现象，即生产量增长、进口量增长、库存增长，与一般的经济学理论相悖，表明我国农产品市场与国际农产品市场有较大的分离，需要从进出口措施上下功夫，制定整体与单品种相结合的贸易政策。对于粮食品种，不但要逐步完善最低收购价等政策，还要在粮食进口中采取关税配额等措施适当控制进口。水稻、小麦的价格控制方面，要适当控制进口增量，选择国内消费急需而国内市场缺乏的产品类别进口，适当限制优质产品出口。玉米目前库存较大，并且国内需求增长放缓，需要进一步完善现有临时收储政策，分时段适当放松出口限制，以利于减少玉米较大库存。大豆是贸易依存度较高的产品，十多年来进口量逐步增长，短短七年时间我国大豆进口量分别冲破 1000 万、2000 万、5000 万、8000 万吨大关，成为世界最大的大豆进口国。油菜、花生具有较强竞争优势，要在探索直接补贴生产者的同时，进一步加大良种补贴、农资综合直补的补贴力度，以增强这些产品的市场竞争力。针对棉花等“两头在外”的产品，要做好主要棉区的产品支持政策体系构建，通过加强储备调节、完善进出口协调机制，保障棉花市场价格的稳定性；要进一步完善籽棉收购与皮棉挂钩的相关联动机制，利用国内外两个市场、两种资源调节好国内供需。

**（5）做好大宗农产品农业支持政策的效果评价和模拟，提高政策措施的精准性和政策正效用。**在过去的几十年中，我国更多地重视了以粮食生产为主的政策支持，并在不断探索粮食市场政策上，进行过几个回合的政策设计与政策实施，每一个阶段的政策都对当时的粮食产业发展产生了重要影响，保障了我国粮食安全。但当前的大宗农产品生产与市场出现了少有的产业背景：一是大宗农产品产量水平高，总产、单产都出现了历史上没有的新水平；二是农产品生产技术结构发生变化，以信息技术发展和“互联网 +”为背景的技术体系正在形成，改变了产业发展的方式和从业者的行为；三是国际国内联动性进一步加强，而国内不少生产者对此了解不及时，反应机制缓慢。目前的农业支持政策就市场论市场或综合考虑政策执行背景因素不全面，需要加强政策效果评价。

本章研究得出的农产品市场价格规律表明，大宗农产品价格波动与国家调控政策出台的时间与力度关系密切，一般的政策出台后政策效应发挥的最大时滞为 1～2 个产品生产周期。我国已实施一定时间的粮棉油支持政策，从分析农业支持政策的政策效果看，一是要分析我国主要粮食品种最低收购价和托市收购价对当年农产品市场价格的影响；二是要分析粮食支持政策对不同生产地区、不同经济水平地区的农产品市场的影响；三是分析大宗农产品政策对我国农产品产业竞争力的影响，为农业可持续发展提供有益的政策出台背景分析。要充分探索市场机制对于大宗农产品特别是粮食的影响，发挥市场机制在农产品价格形成过程中的基础性作用。例如，目前我国有关部门正在按照市场定价、价补分离的原则，进行玉米收储制度改革，使玉米价格能够反映市场供求关系，因此，就要做好这一政策的效果模拟分析与评价，促使市场在价格形成机制中发挥决定性作用，避免生产者和消费者损失，增加农民收入。2016 年，东北的玉米探索实行市场定格、价格分离改革机制，东北三省及内蒙古玉米的播种面积减少了 2300 万亩，比上年减少了 4.5%，一段时期辽宁的玉米收购价为每千克 1.5 元，黑龙江玉米收购价每千克 1.2 元，对农民收入影响较大，对市场波动影响也较大，因此要加强市场机制研究，发挥市场调控的积极作用。

## 6.2 蔬菜水果等鲜活农产品调控政策

鲜活农产品如蔬菜、水果、肉类、奶类等具有易腐烂变质、不耐运输、收入消费弹性大等特征，这些农产品市场价格波动周期短、幅度大，是农产品市场稳定的难点与重点产品，其市场波动规律与其他大宗农产品有较大的不同。近年来，鲜活农产品的生产与市场管理同样得到了国家的高度重视，也有较为完善的鲜活农产品政策体系支持，保护了鲜活农产品的生产与市场稳定。但过去的市场运行情况表明，蔬菜、水果的季度性波动明显，猪肉、鸡肉、鸡蛋生产的周期性明显，对市场的影响大。这些农产品需要有更好的政策支持与市场环境条件来保障价格稳定与产品供需平衡。

**（1）采取有效政策，保障“菜园子”生产，充当避免鲜活农产品价格过度波动的“压舱石”。**保住“菜园子”就能稳住“菜篮子”。稳定生产量、减少生产波动、保证充足的市场供给，是保障蔬菜、水果等鲜活农产品市场价格稳定的关键因素。要加大对蔬菜、水果等生产基地建设的支持力度，建立现代生产园区，改善鲜活农产品生产基础设施条件，加强优质、绿色先进生产技术的应用。要大力发展鲜活农产品的设施化生产，采用先进设施装置以抵御生产中经常发生的自然灾害，实现蔬菜、水果、肉、蛋、奶等鲜活农产品的周年均衡供应。近10多年来，设施农业的规模与生产支持力度不断加大，如山东、河北都建有较大规模的温室、大棚等现代化生产设施，广东采用了对蔬菜大棚按每亩5000～10000元的标准给予补贴的做法，上海市也支持进行创建标准化的蔬菜园艺场。对鲜活农产品的生产，要加快推进生产方式的转变，大力发展标准化、专业化种植业与养殖业，使我国鲜活农产品的生产方式由数量型向质量效益型转变。要加强果蔬产区基础设施长期建设，以降低气候灾害对鲜活农产品的生产影响。多年的数据表明，气象灾害对果蔬产品生产量的影响往往引起价格异常波动，减少价格波动，并不是要鼓励扩大种植面积，而是要加强果蔬生产基础设施建设，增强减灾抗灾能力，提高生产的稳定性。

**（2）加大力度支持和促进农产品流通，促进农产品价格“高地”“洼地”差距减小。**目前我国鲜活农产品流通尽管有了较大发展，但整体的流通体系在硬件和软件上仍然存在不足，流通政策支持、设施建设、技术标准、安全保障方面仍然不足，不能满足实际需要，在实际市场运行中能力较差，易造成市场不稳定、价格波动。由于鲜活农产品产销具有季节性生产、全年性消费，局部地区生产、全国性消费的特征，因此要支持和发展农产品现代物流业，加大农产品农村田间地头的转运网络建设，促进鲜活农产品货畅其流，这样才能促进鲜活农产品市场的价格稳定；同时要加快鲜活农产品产区和集散地的冷链设施的建设，降低鲜活农产品损耗。降低蔬菜、水果、水产品等鲜活农产品的流通成本，缩小产销价差，稳定产品价格。要制定政策，重视本地化生产。鲜活农产品跨区流通是其价格波动的重要原因，应适当增加各地的本地化生产，特别是本地蔬菜的生产，稳定销地蔬菜自给能力，减少蔬菜价格波动因素。所属地区要继续实施加强鲜活农产品生产、流通的政策支持，在大城市郊区建设蔬菜生产基地，生产本地区具有传统优势的蔬菜品种，创新流通模式，减少中间环节，促进农产品价格稳定。要对“农超对接”“农批零对接”等形式产销衔接进行政策设计与技术支持，鼓励大型连锁超市等流通企业以及学校、企业等最终用户与农产品生产基地、农民专业合作社建立长期稳定的产销关系，减少蔬菜等鲜活农产品流通的中间环节，降低流通成本。

**（3）加强鲜活农产品的风险管理，用好价格稳定的政策工具。**农业生产是具有自然风险与市场风险的产品生产，特别是每年的鲜活农产品生产都受到气候条件变化的深度影响。遇到大的自然灾害时对鲜活农产品价格影响较大。蔬菜、水果的生产这些年来每年都会遇到干旱、暴雨、台风、洪水、低温、冷害以及病虫害的自然灾害，要进一步完善蔬菜生产风险管理体系，加快推进蔬菜价格保险，应逐步采取措施，在发达地区试行对保费给予适当财政补贴，要借鉴发达国家的经验，逐步推行生产收入保险及天气指数保险。进一步探索推进订单农业发展，加强和完善品种模式、区域模式、运营模式的工作措施，扩大订单农业的规模，加大力度推进实施信用体系建设，建立起合作组织和生产者之间利益共享与风险共担的新机制。要构建综合性鲜活农产品风险管理政策体系，实现各类生产风险管理工具的有效结合，进行生产风险的一体化管理。在风险管理中除加强商业风险的工作力度外，政府主管部门还要在风险管理中发挥调控、促进、监管作用，使鲜活农产品的风险管理工具有利于农产品的生产经营者，以促进农产品价格稳定，最终使农产品生产、消费及整个社会受益。

## 6.3 农产品市场管理调控措施

农产品市场管理是稳定农产品供给、防止农产品价格过度波动的重要手段。加强农产品市场管理，需要从管理方式、管理技术、管理服务方面入手，从我国农产品市场特点出发，加强针对性，采取有效措施，防止农产品市场出现大的波动。

**（1）优化管理方式，建立多部门协调管理机制，促进农产品市场稳定发展。**农产品市场涉及多个方面，不仅涉及各类农产品批发市场、零售市场，而且与农业生产资料市场、农业劳动力市场以及农产品进出口、农产品质量管理等工作紧密相关。农产品市场上的价格高低，是各种决定供需变化的综合因素的反映，因此从管理方式上，应建立整体性全国农产品市场管理和区域性地方农产品市场管理相结合的法律体系与运行管理体系及机制，加强中央各部门对农产品市场管理的整体性设计，形成既有分工又有紧密协作的一盘棋农产品市场管理大格局。

要加强各部门对农产品市场管理的有效整合，建立协同机制。农产品是流通性较强的产品，目前全国每年生产 7 亿多吨蔬菜、6 亿多吨粮食以及大量的畜产品、水产品，大多需要通过较长路径才能从生产者流通到消费者手中。在农产品流通过程中，各省（自治区、直辖市）及县市之间的协同管理机制也十分重要，要加强各地区之间农产品市场的管理，如农产品物流管理、质量管理、标准管理的建设，只有这样才能创造统一的市场竞争与农产品流通的良好环境，促进农产品市场稳定和价格正常合理传导。要加强农产品价格不正常波动调控的部门协调、地区协调的综合调控手段建立，做好突发自然灾害、重大食物安全事件等特殊情况下的农产品市场稳定应急管理工作，围绕农产品全产业链做好管理工作衔接，避免时松时紧、时左时右的管理行为，发挥农产品市场管理中的行业协会作用，把农产品市场管理做好。

**（2）综合应用政策工具，建立农产品市场价格调控机制，减少农产品价格过度波动。**农产品价格调控是一个综合系统，涉及农业生产、消费以及整个社会经济发展的多个方面。农产品市场管理与价格调控的最终目标也是促进农产品供需平衡，而价格也只是农产品供需平衡状况的信号反映，价格调控只是治标，而治本还在于通过调控生产及消费影响因素，以及加强市场体系建设，来促进农产品供需新的平衡。农产品市场价格在不同时间、不同产品、不同地区所表现出来的特色不尽相同，应因时因地采用有效的政策工具。如国际上美国、韩国等国应用的农业保险制度、储存补贴、价格风险基金制度均可作为参考。要结合我国农产品市场价格实际情况，有选择地借鉴国外经验，并根据我国实际进行实践，以增强市场的调控能力，注重综合运用政策工具以建立起农产品市场价格的长效机制，从而有效遏制市场价格的大幅波动。

在补贴制度方面，要加快建立不同类型农产品价格补贴机制，对事关国计民生的农产品市场重点品种给予适当补贴，一方面是补贴生产者，让生产者有较好的收入预期，保持产品的持续生产能力；另一方面是补贴消费者，建立消费者补贴机制，如借鉴美国农业部食品券计划，既对食物与营养健康予以保障，同时又能适当调控农产品消费市场，保持价格稳定。

根据我国农产品生产特点，要进一步完善粮食等大宗重要农产品价格的形成机制，使农产品价格形成与政府补贴形成更好的内在机制，研究和试行建立农产品目标价格制度，进一步发挥农产品市场在资源配置中的决定性作用。目标价格政策有别于近年来我国实施的主要粮食品种最低收购价和临时收储价格政策，它并不能直接干扰市场价格，而是要主动地引导市场价格信号，促进合理价格更好地形成，当市场价格高于目标价格时，生产者可以依照市场价格自己出售，当市场价格低于目标价格时，则可以按目标价格出售农产品，其差价由政府进行补贴，这样既能使得农产品生产者利益受到保护，又能发挥市场调节农产品供求的重要作用，以稳定农产品市场价格，从而促进农产品市场的健康发展。

目标价格补贴也是一次探索性较强的政策工具，在实际执行中，需要设计多种路径，根据不同品种类型，可以按照种植面积补贴，也可按农产品销售量进行补贴。补贴水平应控制在一个合理适度的水平上，既要保障生产者的合理收益，也要综合考虑政府的财政支出能力，实施步骤与方式，既要具有可操作性，也要有较好的精准性，以形成指向明确、操作方便、效果明显的价格调控工具。

**（3）加强市场信息监测预警，用好农产品价格波动识别区这一工具，有效防范农产品的市场风险。**农产品监测预警是现代市场管理的高端管理工具。市场经济发达国家都十分重视农业监测与管理。农产品生产是自然再生产和社会再生产相结合的产业，农产品市场价格的波动除了受自然环境条件的影响外，也受到许多社会经济因素的影响。农产品市场价格的变化实质上是影响农产品供需的自然与社会因素影响的后果，因此加强农产品生产、消费、流通、运输以及市场的监测，及时发现因素变化，并提出和实施有效措施是稳定农产品市场的重要措施。

信息监测预警从工作特征上来讲，就是通过市场信号释放来引导与管理市场。农产品价格波动识别区是判定农产品价格波动风险的区域范围。粮食、油料、蔬菜、水果、猪肉、牛肉、羊肉、禽肉、蛋类、奶类、水产品等各种农产品市场价格波动的规律与风险是不一样的，只有当波动超过某一区域范围，采取政策调控措施才是精准的。市场信号对农产品价格的影响是明显的，通过市场实时信息，如生产量数据、运输量数据、价格数据、人流数据等众多信息的采集和分析，加强市场情况判断。将实时信息与基础性的经济数据、生产数据、消费数据进行比对，可及时发现农产品生产及农产品市场苗头性、趋势性问题。

要强化生产信息监测预警，提高生产的稳定性。农产品供需状况反映到市场上所形成的价格，其实与生产关系十分密切，因此除了要加强农业气象、农产品生产过程的监测之外，也要加强对农民种植养殖意愿、化肥农药等农资投入品的监测，并适时发布权威信息，提供农产品供给量、消费量以及价格走势等信息服务，充分尊重农产品生产自然性和地域适宜性，使农业生产者尽可能地科学规划种养规模和种养投入程度，从而使农业生产者更加合理地组织生产，避免跟风生产而造成市场不稳定；要强化农产品市场价格传导机制的设计与引导，研究农产品价格传导机制与规律，关注农产品市场价格的波动过程，及时采取相应对策与措施，保证农产品市场的平稳运行。要加大对农产品价格传导机制、路径的深入研究，组建专门的研究队伍，建立健全农产品价格信息预警机制，以确保农产品价格传导的顺畅；要强化农产品产销信息监测预警，通过及时的、权威的、有效的农产品市场信息，来引导生产者与经营者优化与调整生产及经营，以防止后期市场价格过大波动。可充分发挥有关专业协会、基层信息员等信息“最后一公里”中的关键环节与主体的重要作用，建立生产及市场价格数据实时采集与人工报送相结合的制度，以提高实时把握农产品生产和市场信息变化状况的能力。针对监测到的农产品生产及市场价格异常信息，要加强数据分析，加强生产、消费、价格预警，发布权威的产销信息，以科学引导农产品的生产与消费。

**（4）加强农产品市场信息服务，稳定农产品市场。**理论与实践都证明，信息不对称是造成农产品价格传导不畅、引发农产品价格波动的重要原因。在我国小生产规模及众多各类农产品市场的实际情况下，要大力加强农产品市场信息体系的建设，建立由政府、市场、社会力量等共同建立与参与的农产品市场信息服务体系。近年来，由农业部门倡导和地方实践得出的各种服务体系逐步建立起来，如“信息进村入户”，通过 12316 服务，提供市场信息，通过益农信息社建设，搭建信息服务平台，起到了十分重要的农产品市场服务作用。要强化农产品市场信息网络建设，提高市场主体的信息获取能力和应对农产品价格异常波动的能力，解决由于信息不对称造成市场价格扭曲问题。许多国家的实践表明，政府在农产品信息服务体系中具有重要地位，是农产品市场信息规范化采集和市场信息权威发布部门。我国的农产品市场信息服务要改进和完善农产品价格信息的实时获取、加工存储、分析以及信息发布工作，建立起规范、有效的农产品价格波动监测工作体系与农产品价格信息服务制度，加强信息服务人才队伍建设，形成农村基层价格信息工作和服务队伍，提高我国农产品市场信息服务能力。

要做好信息服务的基础性工作，如依托基础数据、模型方法及市场信息分析全国农产品数量状况，并指导种植、养殖生产，跟踪农产品市场实时信息，在农产品价格大幅波动时及时投放相应的农产品，做好应对灾害性、突发性事件的信息服务。应用现有通信设备及手段及时为农产品生产者、消费者、经营者提供权威的、便捷的信息服务，把农产品价格面临的政策风险和市场风险降到最低程度，切实做好事关国计民生的重要农产品市场价格的稳定。

# 参考文献

References


（德）E.Zeidler，等. 数学指南——实用数学手册 [M]. 李文林，等译. 北京：科学出版社，2015.

（美）Frank R. Giordano, William P. Fox, Steven B. Horton. 数学建模 [M]. 叶其孝，姜启源，等译. 北京：机械工业出版社，2015.

（美）Mark M. Meerschaert. 数学建模方法与分析 [M]. 刘来福，黄海洋，杨淳，译. 北京：机械工业出版社，2015.

（美）Simon Haykin. 神经网络原理 [M]. 叶世伟，史忠植，译. 北京：机械工业出版社，2004.

程国强，徐雪高. 改革开放以来我国农产品价格波动的回顾 [J]. 重庆工学院学报，2009（4）：1-3.

范剑青，姚琦伟. 非线性时间序列：建模、预报和应用 [M]. 北京：高等教育出版社，2005：128.

方松海，马晓河，黄汉权. 当前农产品价格上涨的原因分析 [J]. 农业经济问题，2008（6）：20-25.

冯海发. 对建立我国粮食目标价格制度的思考 [J]. 农业经济问题，2014, 35（8）：4-6.

付莲莲. 国内农产品价格波动影响因素的结构及动态演变机制 [D]. 南昌大学，2014.

高铁梅. 计量经济分析方法与建模 [M]. 北京：清华大学出版社，2009.

龚纯，王正林. Matlab 最优化计算 [M]. 北京：电子工业出版社，2014.

韩俊. 新形势下推进农业转型发展的若干思考 [J]. 中国经济报告，2016（12）：15-17.

胡冰川. 中国农产品市场分析与政策评价 [J]. 中国农村经济，2014（4）：4-13.

黄季焜，杨军，仇焕广，等. 本轮粮食价格的大起大落：主要原因及未来走势 [J]. 管理世界，2009，34（1）：80-86.

李秉龙，何秋红. 中国猪肉价短期波动及其原因分析 [J]. 农业经济问题，2007

（10）：18-21.
李崇光，宋长鸣．蔬菜水果产品价格波动与调控政策 [J]. 农业经济问题，2016（2）：17-24.
李干琼．SV 因子分析框架下的农产品市场短期预测 [D]. 中国农业科学院，2012.
李国祥．2003 年以来中国农产品价格上涨分析 [J]. 中国农村经济，2011（2）：11-21.
李优柱，李崇光，李谷成．我国蔬菜价格预警系统研究 [J]. 农业技术经济，2014（7）：79-88.
罗永恒．基于 ARMA 模型的中国农产品价格的分析与预警 [J]. 经济数学，2013，30（1）：96-99.
马晓河．当前农产品价格上涨原因分析与走势判断 [J]. 唯实，2008（7）：85-88.
农业部农村经济研究中心分析小组．通货膨胀、农产品价格上涨与市场调控 [J]. 农业技术经济，2011（3）：4-12.
农业部市场预警专家委员会．中国农业展望报告（2015—2024）[M]. 北京：中国农业科学技术出版社，2014.
农业部市场预警专家委员会 . 中国农业展望报告（2016—2025）[M]. 北京：中国农业科学技术出版社，2015.
钱克明．进一步加强和完善农产品价格调控体系 [J]．中国经贸导刊，2010（6）：9-10.
史峰，王辉，郁磊，等．Matlab 智能算法 [M]．北京：北京航空航天大学出版社，2014.
孙敬水．中级计量经济学 [M]．上海：上海财经大学出版社，2009：272-318.
唐林俊，杨虎，张洪阳．核密度估计在预测风险价值中的应用 [J]．数学的时间与认识，2005（10）：29-35.
武拉平．农产品地区差价和地区间价格波动规律研究——以小麦、玉米和生猪市场为例 [J]．农业经济问题，2000（10）：54-58.
许世卫，李哲敏，等，农产品价格传导机制及其主要影响因素分析 [J]．中国科技论坛，2012（9）：71-76.
许世卫，李哲敏，李干琼，等．农产品市场价格短期预测研究进展 [J]．中国农业科学，2011, 44（17）：3666-3675.
许世卫，李志强，李哲敏，等．农产品质量安全及预警类别分析 [J]. 中国科技论坛，2009（1）：102-106.
许世卫．农业信息分析学 [M]．北京：高等教育出版社，2013.
许世卫．我国全面小康时期食物结构目标分析 [J]．中国食物与营养，2009（1）.
易丹辉．数据分析与 Eviews 应用 [M]. 北京：中国人民大学出版社，2008.
于冷，吕新业．大宗农产品价格调控的目标与措施研究 [J]．农业经济问题，2012

（9）：32-36.

张合成. 市场化、品牌化、信息化将成为农业现代化新内涵 [J]. 中国农村科技，2015（7）：15.

张宏宇. 对鲜活农产品价格波动的分析与思考 [J]. 农产品市场周刊，2012：8-11.

张兴旺. 关于我国农产品市场问题的几点认识与思考 [J]. 农业经济问题，2009（1）：66-69.

张义博，蓝海涛，涂圣伟. 我国重要农产品价格调控政策评价及对策建议 [J]. 农业经济与管理，2013（5）：45-52.

钟甫宁. 如何看待当前国际粮食价格的上涨 [R]. 上海交通大学安泰经济与管理学院 90 周年院庆报告，2008.

朱信凯，韩磊，曾晨晨. 信息与农产品价格波动：基于 EGARCH 模型的分析 [J]. 管理世界，2012（11）：57-66.

Anthony N Rezitis, Konstantinos S Stavropoulos. Price volatility and rational expectations in a sectoral framework commodity model: a multivariate GARCH approach[J]. Agricultural Economics, 2010(3):419-435.

David S.J., H.O.R. Kevin, G.W.Jeffrey. Commodity Price Volatility and World Market Integration since 1700[M]. Cambridge: National Bureau of Economic Research, Inc., 2009.

Emiliano Magrini, Ayca Donmez. Agricultural Commodity Price Volatility and Its Macroeconomic Determinants: A GARCH-MIDAS Approach[R]. European Commission, Joint Research Center (JRC), Institute for Prospective Technological Studies (IPTS), Spain, 2013.

Ernesto Valenzuela, Thomas W Hertel, Roman Keeney, Jeffrey J Reimer. Assessing Global CGE Model Validity Using Agricultural Price Volatility[J]. American Journal of Agricultural Economics, 2007,89(2):383-397.

FAO, IFAD, IMF, OECD, UNCTAD, WFP, the World Bank, the WTO, IFPRI and the UN HLTF. Price Volatility in Food and Agricultural Markets: Policy Responses[R], 2011.

Huchet-Bourdon M. Agricultural Commodity Price Volatility: An Overview[R]. OECD Food, Agriculture and Fisheries, No. 52, OECD Publishing, 2011, http://dx.doi.org/10.1787/5kg0t00nrthc-en.

Li Ganqiong, Xu Shiwei, Li Zhemin. Short-Term Price Forecasting For Agro-products Using Artificial Neural Networks[J]. Agriculture and Agricultural Science Procedia, 2010(1):278-287.